NOTIONS D'ÉCONOMIE DOMESTIQUE

A L'ÉCOLE PRIMAIRE

ET

DANS LES PENSIONNATS DE JEUNES FILLES

EN 42 LEÇONS

PAR

LES RELIGIEUSES DE LA PROVIDENCE DE SAINT-BRIEUC

OUVRAGE ILLUSTRÉ
AVEC SUPPLÉMENT CONTENANT UNE LEÇON SUR LE DIMANCHE,
DES NOTIONS DE COMPTABILITÉ ET DES CONSEILS
AUX APPRENTIES, OUVRIÈRES, TAILLEUSES, MODISTES,
EMPLOYÉES DE MAGASIN.

PROCURE GÉNÉRALE
DES FRÈRES DE L'INSTRUCTION CHRÉTIENNE
PLOERMEL (Morbihan)
1900

NOTIONS

D'ÉCONOMIE DOMESTIQUE

NOTIONS
D'ÉCONOMIE DOMESTIQUE

A L'ÉCOLE PRIMAIRE

ET

DANS LES PENSIONNATS DE JEUNES FILLES

EN 42 LEÇONS

PAR

LES RELIGIEUSES DE LA PROVIDENCE DE SAINT-BRIEUC

OUVRAGE ILLUSTRÉ
AVEC SUPPLÉMENT CONTENANT UNE LEÇON SUR LE DIMANCHE,
DES NOTIONS DE COMPTABILITÉ ET DES CONSEILS
AUX APPRENTIES, OUVRIÈRES, TAILLEUSES, MODISTES,
EMPLOYÉES DE MAGASIN.

PROCURE GÉNÉRALE
DES FRÈRES DE L'INSTRUCTION CHRÉTIENNE
PLOERMEL (MORBIHAN)
1900

PORTRAIT DE LA FEMME FORTE

(Prov. XXXI, 10 et suiv.)

Qui pourra trouver une femme forte? Elle est plus rare que ce qu'on apporte de plus précieux des extrémités du monde. Le cœur de son mari met sa confiance en elle, et sa maison ne manquera de rien, et n'aura pas besoin des dépouilles des autres. Elle lui rendra le bien et non le mal, tous les jours de sa vie. Elle a cherché avec soin la laine et le lin (nécessaires pour l'entretien de sa maison), et elle les a travaillés avec des mains habiles.

Elle est comme le vaisseau d'un marchand (qui porte le fruit de ses travaux chez les étrangers), et qui apporte de loin son pain. Elle se lève avant le jour et distribue les vivres nécessaires à ses domestiques et la nourriture à ses servantes. Elle a considéré un champ (qui lui a paru fertile), et elle l'a acheté ; elle y a planté une vigne du fruit (et du travail) de ses mains.

Les reins ceints, elle est forte et alerte, et (par le travail), elle a fait ses bras robustes. Comme elle voit que son trafic est bon, elle prolonge ses veillées.

Elle met la main aux ouvrages les plus forts, et ses doigts font tourner le fuseau.

Elle ouvre sa main à l'indigent et étend ses bras vers le pauvre. Elle ne craint point pour sa maison le froid ni la neige, parce que tous ses domestiques ont un double vêtement (capable de les en garantir).

Elle s'est fait des ameublements de tapisserie, et se revêt de lin et de pourpre. Son mari est illustre dans l'assemblée des juges, lorsqu'il est assis parmi les sénateurs de la terre.

Elle a fait un linceul et elle l'a vendu ; elle a vendu de même au marchand chananéen une ceinture (riche en broderies de sa main).

Elle est revêtue de force et de beauté, et son dernier jour sera plein de joie.

Elle a ouvert sa bouche à la sagesse, et la loi de clémence est sur ses lèvres. Elle a les yeux sur tout ce

III. DU COMTE DE COLIGNY AU COMTE DE BUSSY-RABUTIN [1].

A Paris, ce 15 mai 1667.

Je vis hier entre les mains de madame Du Bouchet [2] un caractère qui m'a tousjours plu, mais qui me fust plus agréable que jamais par les marques de vostre souvenir qui me sont chères au dernier point. Cela augmente la honte que j'ay d'estre demeuré pour vous dans un si long silence. Mais la peur de ne pouvoir pas assez bien dire combien je vous aime et combien je vous honore, m'a empesché de vous escripre, plus tost que ma paresse; et de plus il me semble que je dois estre en un certain estat auprès de vous, que je n'ay pas trop besoin de vous faire souvent des compliments pour vous persuader que je suis à vous plus qu'homme qui vive. Par-dessus tout cela je suis un peu glorieux : j'enrage que mon style et mon génie soient si fort inférieurs aux vostres, et je souffre de la peine que vous auriez de perdre un moment de temps à ne rien voir de tout ce que je voudrois que vous vissiez pour recevoir quelque satisfaction en lisant mes lettres, mais

[1] *Lettres de Bussy-Rabutin*, tom. Ier, pag. 64, édition de 1768. Cette lettre n'y est imprimée qu'avec de grands retranchements ; elle est ici complétée d'après le manuscrit du comte de Langheac.

[2] Marie Nevelet, femme de Jean Du Bouchet, marquis de Sourches, grand-prévôt de France.

Turcs alloient attaquer mon poste. J'y courus en diligence, et je trouvay qu'ils avoient fait quelque mouvement, mais qu'ils n'attaquoient pas. Je m'en retournay fort vite, et en un demi-quart d'heure que je mis à aller et venir, je trouvay que les Turcs s'étoient tous enfuis d'eux-mêmes, sans tirer, ni qu'on leur tirât un coup de mousquet.

Voilà comment l'affaire s'est passée, et si brusquement, que pas un seul officier général des trois armées ne s'y est trouvé. Et quand La Feuillade envoye des gazettes dans lesquelles il dit qu'il a fait des merveilles, il a menti, car c'est le plus grand poltron de France. Adieu.[1]

[1] Bussy, à la suite de sa copie, a mis cette observation : « Ce qu'on peut dire sur cette lettre, c'est que Coligny étoit trop « en colère quand il l'avoit écrite, mais que La Feuillade aussi n'avoit « pas si bien fait à Saint-Godard qu'il l'avoit mandé. »

qui se passe dans sa maison, et elle est occupée même en prenant ses repas.

Ses enfants se sont levés et ont proclamé son bonheur. Son mari s'est levé de même et l'a louée hautement. « Beaucoup de femmes, (ont-ils dit), ont amassé des richesses, mais vous les avez toutes surpassées. »

Les grâces du visage sont trompeuses, et vaine est la beauté ; la femme qui craint le Seigneur sera toujours honorée.

Donnez-lui des louanges à cause du fruit de ses mains, et que ses propres œuvres la louent dans l'assemblée des juges.

PREMIÈRE PARTIE

LA MAITRESSE DE MAISON

PREMIÈRE LEÇON

RÔLE DE LA FEMME

La femme forte est d'un prix qui l'emporte sur toutes les pierreries.
(PROV. XXXI.)

1. — Rôle de la femme. — La femme est destinée à exercer une sorte de royauté. Son domaine est le foyer domestique, car son autorité s'exerce principalement dans l'intérieur de la famille. Son titre est Maîtresse de Maison ou Ménagère. La prospérité, la santé et le bien-être de la famille dépendent d'elle; il est donc important d'enseigner l'*Économie domestique* aux jeunes filles afin de les habituer de bonne heure à bien remplir leur mission.

2. — Il faut apprendre l'économie domestique. — Beaucoup de jeunes filles deviennent maîtresses de maison, sans avoir jamais appris la tenue intelligente d'un ménage. Cette ignorance est une cause de désordre et souvent même de ruine pour leur famille. Comment y remédier? En leur apprenant la tenue du ménage.

3. — L'école complète les leçons de la mère. — La plupart des jeunes filles se forment à la tenue du ménage près de leur mère; c'est la meilleure école. Mais certaines ménagères ne connaissent ni les meilleures méthodes ni les meilleures recettes; d'autres n'ont pas le temps d'instruire leurs enfants; toutes sont heureuses d'être aidées par les maîtresses auxquelles elles confient leurs petites filles.

4. — La femme est l'auxiliaire de son mari. — Il appartient à l'homme d'exécuter les grands travaux à l'atelier ou à l'usine, s'il est ouvrier; de traiter les affaires commerciales et industrielles, s'il est commerçant ou fabricant. La femme qui est son auxiliaire et sa compagne, qui s'intéresse à son travail, partage son bonheur ou l'assiste dans l'infortune, le seconde avec activité, intelligence et dévouement. Son rôle est plus effacé dans la famille, mais il n'est pas moins important.

5. — La femme est l'ange gardien de la maison. — A la femme revient la tenue du ménage et le soin des enfants que le bon Dieu lui a confiés. Elle doit être la *providence* et *l'ange gardien* de la maison : la providence en pourvoyant à tout, et l'ange gardien en veillant sur tout.

La Sainte Ecriture, qui est la parole de Dieu, a tracé le portrait de la femme forte. Les futures maîtresses de maison aimeront à le méditer.

Questionnaire.

1. — Quel est le domaine de la femme? — Quel est son titre?
2. — Pourquoi faut-il apprendre l'économie domestique?
3. — Pourquoi faut-il que l'école complète les leçons de la mère?
4. — Comment la femme est-elle l'auxiliaire de son mari?
5. — Quel rôle remplit-elle encore? — Quel portrait lui propose la sainte Ecriture?

Problème.

Votre père est entrepreneur. Il vient de se charger d'une construction dont le devis s'élève à 65 000 fr. sur lequel il a offert un rabais de 20 p. 0/0. Il vous demande combien il devra recevoir. — Répondez.

Rédaction.

Ecrivez à une de vos compagnes qui, comme vous, termine ses études cette année. Parlez-lui du regret de quitter votre maîtresse et vos compagnes. Ajoutez que désormais vous aurez le bonheur de seconder votre bonne mère dans les travaux du ménage, et d'apprendre sous sa direction à faire la cuisine. — Développez.

DEUXIÈME LEÇON

QUALITÉS DE LA MÉNAGÈRE

Paresseux, va vers la fourmi,
considère ses voies et deviens sage.
(Prov. VI, 6).

6. — La ménagère est active. — Toujours levée la première, la bonne ménagère est aussi la première à l'œuvre. Après avoir récité ses prières, elle réveille son personnel, prépare et sert le déjeuner des travailleurs. Quand ceux-ci sont partis, elle s'occupe des enfants.

Notre Père des cieux, bénissez ma jeunesse!
Pour mes parents, pour moi, je vous prie à genoux;
Afin qu'ils soient heureux, donnez-moi la sagesse;
Et puissent leurs enfants les contenter sans cesse
Pour être aimés d'eux et de vous!
Mme Tastu.

7. — La ménagère a de l'ordre. — La bonne ménagère agit toujours d'après ce principe : *Avoir une place pour chaque chose, mettre chaque chose à sa place, et faire chaque chose en son temps.* Les enfants et les domestiques suivent son exemple; aussi, dans sa maison, tout se fait en temps et lieu. — L'ordre est encore plus nécessaire aux pauvres qu'aux riches, car une maison sans ordre est une maison sans propreté où bien des choses se perdent.

8. — La ménagère aime la propreté. — La bonne ménagère fait régner la propreté partout : sur sa personne, dans sa maison, dans les ustensiles, dans les apprêts et la manière de les servir. Ses enfants ont toujours le visage et les mains très propres, les cheveux soignés et les habits bien entretenus. Il est beau de voir les meubles bien cirés et les ustensiles briller comme l'or et l'argent. Bien légitime est la fierté de la femme dont le ménage présente un tel aspect. Sa maison annonce le bonheur de ceux qui l'habitent.

9. — La ménagère est dévouée. — Une femme dévouée est un trésor dans une maison. Elle ne calcule ni temps ni peine, ne perd pas un moment. Elle croit n'avoir rien fait quand il reste quelque chose à faire; aussi ne remet-elle jamais au lendemain ce qu'elle peut faire le jour présent. Son dévouement est du jour et de la nuit; il s'exerce surtout près des malades auxquels elle prodigue ses soins et, au besoin, ses exhortations.

10. — La ménagère est économe. — La femme économe assure l'avenir de sa famille, lui procure une honorable aisance et le bonheur de secourir les indigents. La femme soigneuse contribue autant au bien-être de la maison par son économie que le père par son travail. Elle double la valeur et la durée des choses en les utilisant à propos et les entretenant en bon état.

11. — La ménagère forme ses enfants aux bonnes habitudes. — L'ordre et la propreté n'existeront pas si chacun n'y apporte son concours et sa bonne volonté. La ménagère doit donc y habituer ses enfants dès leur plus jeune âge; elle leur inculquera également l'amour de l'activité, de l'économie et du dévouement; car s'ils ne sont pas formés de bonne heure, ils conserveront leurs mauvaises habitudes quand ils seront grands.

L'enfant peut être bien élevé partout : sous le toit de chaume comme sous lés lambris dorés. Si la pauvreté n'est pas un vice, on ne peut en dire autant de la malpropreté, du manque d'ordre et d'économie.

Questionnaire.

6. — Dites comment la ménagère est active.
7. — » » » » a de l'ordre.
8. — » » » » est propre.
9. — » » » » est dévouée.
10. — » » » » est économe.
11. — Comment la ménagère forme-t-elle ses enfants aux bonnes habitudes ?

Problème.

Faites la facture suivante.

7^m 1/2 d'étoffe à 7^f 25 le mètre.
16^m 50 de mérinos à 25^f les 10 mètres.
14^m de drap à 1^f 25 le décim.
12^m de lustrine à 80^c le mètre.
50^{gr} 1/2 de soie à coudre à 20^f le kg.
15 pelotes de fil à 0^f 50 la douzaine.

Total brut.
Remise 1/10 ou 10 0/0.
Total net.

Rédaction.

Votre bon père est atteint d'une fluxion de poitrine. Son état vous donne de sérieuses inquiétudes. Faites part de ce malheur à votre marraine. Priez-la de venir consoler votre mère et la soulager dans sa pénible tâche.

TROISIÈME LEÇON

DÉTAILS D'ÉCONOMIE DOMESTIQUE

Qui craint de perdre une épingle
ne perd pas des écus.
(S. François de Sales.)

12. — La ménagère économe ne laisse rien perdre. — Elle ne trouve rien de petit en fait d'économie, selon cet adage populaire : « *Les petits ruisseaux font les grandes rivières.* » Elle ne dépense pas cinq centimes inutilement. Elle sait tirer parti de tout et utiliser les moindres choses : elle a soin de peler légèrement les pommes de terre et les racines, car dans ces légumes, comme dans les fruits, la partie la meilleure est ordinairement sous la peau. S'il y a abondance de fruits au jardin, elle en met en réserve pour l'hiver. — Dès que le feu, allumé pour un usage quelconque, ne lui est plus nécessaire, elle l'éteint ou le couvre de cendre.

La jeune fille est heureuse d'avoir été choisie par sa mère pour faire l'aumône à un pauvre.

13. — La ménagère économe ne craint pas les dépenses utiles. — Elle économise, elle épargne autant que possible, mais elle n'est pas avare : elle donne largement tout ce qui est nécessaire pour la nourriture et pour l'exécution des travaux. Elle est heureuse d'employer une partie de son superflu ou de ses économies à soulager les nécessiteux, et elle initie ses enfants à cet acte de charité. Elle gère avec ordre et intelligence es affaires de sa maison, qu'elle pourvoit, selon sa condition, des choses nécessaires ou simplement utiles et agréables.

14. — La ménagère économe est un trésor. — La ménagère économe est un trésor pour la maison qui la possède. Par son travail et son économie, elle amasse ; par l'ordre et la propreté, elle conserve les choses ; par l'expérience qu'elle acquiert chaque jour, elle utilise, elle répare au besoin. A l'exemple de l'abeille, elle fait ses provisions au moment le plus favorable et les conserve avec soin.

15. — Exemples d'économie. — Notre-Seigneur, à qui la création ne coûta qu'une parole, nous donne lui-même l'exemple de l'économie dans les petites choses. Après avoir rassasié cinq mille personnes par la multiplication des pains, il dit à ses disciples : « *Ramassez les morceaux qui restent, afin que rien ne se perde.* » Saint François de Sales a dit : « Qui craint de perdre une épingle, ne perdra pas des écus. » Un banquier célèbre, Laffite, dut la position où il fit son immense fortune, au soin qu'il eut de ramasser une épingle.

Questionnaire.

12. — Que fait la ménagère économe pour ne rien perdre?
13. — La ménagère craint-elle les dépenses utiles? — Comment pourvoit-elle aux besoins de sa maison?
14. — Comment la bonne ménagère est-elle un trésor?
15. — Citez quelques exemples d'économie.

Problème.

Une maîtresse de maison a dépensé 1892f 10 du 1er janvier au 25 août. — Elle demande de combien, à partir du 26 août, elle devra diminuer sa dépense journalière pour que la dépense totale de l'année ne dépasse pas 2450f.

Rédaction.

Mettez en parallèle la maison d'une femme d'ordre, économe, servant bien le bon Dieu, et celle d'une femme insouciante qui va causer chez ses voisines ou se promener en ville.

QUATRIÈME LEÇON

BONHEUR DOMESTIQUE

> Par-dessus toutes choses, soyez bons; la bonté est ce qui désarme le plus les hommes.
>
> (LACORDAIRE.)

16. — Où règne le bonheur. — Chez la bonne ménagère règne le bonheur domestique. Père et enfants sont heureux près d'elle; ils trouvent leur satisfaction et leur joie dans la maison; ils aiment cette vie intime de la famille et n'ont pas besoin d'aller chercher au dehors des distractions qui pourraient leur devenir funestes.

Les joies de la famille.

17. — Deux sources du bonheur. — Le bonheur domestique est dû, en grande partie, à la mère de famille : par son activité, par mille attentions délicates, par son amabilité pour tous, elle se fait aimer, et chacun veut lui plaire.

Mais la jeune fille doit contribuer pour sa bonne part au bonheur des siens; c'est à elle surtout de mettre la joie dans la maison, parce qu'elle est jeune et qu'elle n'a pas les soucis de sa mère.

La jeune fille prépare la table pour le repas de la famille.

18. — Comment la jeune fille procure ce bonheur.

La jeune fille qui veut contribuer au bonheur domestique est laborieuse, prévenante, empressée à seconder sa mère dans les travaux du ménage : elle devient ainsi son bras droit et sa consolation.

A ces qualités, elle ajoute une tendresse filiale qui sait, à propos, caresser son père, lui dire des paroles aimables pour éloigner de son front les nuages formés par les soucis des affaires et les fatigues d'un travail quotidien.

Enfin elle doit être l'exemple et la conseillère de ses frères, sur lesquels elle exerce une grande influence au point de vue religieux, si elle est toujours douce, compatissante, pieuse et modeste.

19. — Un obstacle au bonheur domestique. — La jeune fille légère, avide de plaisirs et de lectures profanes, passionnée pour la toilette, paresseuse et indolente, n'est pas seulement un obstacle au bonheur domestique : elle est la croix de ses parents.

Questionnaire.

16. — Où règne le bonheur domestique?
17. — Quelles sont les sources du bonheur domestique?
18. — Comment la jeune fille procure-t-elle le bonheur domestique?
19. — Comment est-elle un obstacle au bonheur domestique?

Problème.

Vous avez un tapis de 6m 50 de long sur 5m 25 de large. Votre mère veut le doubler avec de la toile ayant 0m 95 de largeur, et coûtant 1f 25 le mètre. Combien faut-il de mètres de cette doublure et pour quelle somme?

Rédaction.

Votre frère Paul vient de faire sa première communion. Vous donnez le détail de cette grande fête à votre sœur aînée absente. — Vous parlez de la piété angélique du jeune communiant et du bonheur de vos parents de le voir si recueilli. Ajoutez quelques réflexions sur les joies de la famille réunie ce jour-là.

CINQUIÈME LEÇON

JOURNÉE DE LA MAITRESSE DE MAISON

> Tâchez de faire un bon usage des misères de cette vie pour avancer dans le chemin qui conduit à une vie meilleure.
> (Ab. J.-M. de la Mennais.)

20. — Le matin. — La bonne maitresse de maison est levée la première. Quand elle a dit ses prières et préparé le déjeuner, elle éveille les enfants et leur fait réciter ensemble la prière du matin. Dès qu'ils sont prêts, elle les envoie à l'école.

En allant à l'école, Marie et son frère récitent une prière devant la croix.

Les parents chrétiens doivent faire instruire ces petits êtres dont Dieu leur a confié la garde; mais ils répondront aussi de leurs âmes. Ils choisiront donc une école religieuse, car la première science est celle qui fait les chrétiens.

21. — La matinée. — La matinée passe vite quand on travaille. Le ménage est à peine terminé qu'il faut s'occuper de faire le marché et de préparer le dîner. Le personnel revient; écoliers et travailleurs, tous accueillent avec plaisir l'aliment réparateur qui leur est servi largement et avec affabilité.

Ce repas n'est pas seulement le fruit du travail du père, c'est aussi un don de Dieu : voilà pourquoi les parents chrétiens le commencent par le *bénédicité* et le terminent par les *grâces*.

22. — L'après-midi. — Après le dîner, il faut encore nettoyer, encore ranger; puis la maîtresse de maison, heureuse de voir tout brillant et en ordre, va s'occuper des vêtements ou du linge avant de préparer le souper de la famille.

La prière du soir en famille.

23. — Prière du soir. — Après le souper pris gaiement en famille, la femme chrétienne rappelle aux siens qu'ils ont reçu de Dieu de grands bienfaits et qu'il faut l'en remercier. Toute la famille, avec les domestiques, s'il y en a, pieusement agenouillée devant le crucifix et la statue de la sainte Vierge, récite la prière en commun. Heureuse alors du bonheur que donne la satisfaction du devoir accompli, la bonne mère préside au coucher de ses enfants.

24. — Veillée. — La journée de la maîtresse de maison n'est pas encore finie. Elle pourrait l'être cependant, car elle a été bien remplie; mais il reste quelque chose à faire. Elle visite minutieusement la cuisine et les dépendances, s'assure que les lumières inutiles sont éteintes, ferme les portes et les fenêtres, veille à ce que tout soit en ordre. Puis commence la veillée, qu'elle consacre ordinairement au tricot, en causant soit avec le père de famille, soit avec les aînés de ses enfants, qui lui tiennent fidèle compagnie.

C'est à ce moment qu'elle tient sa comptabilité, en inscrivant sur son livre-journal les diverses opérations de la journée. (Voir au Supplément quelques notions de comptabilité.)

Questionnaire.

20. — Que fait la bonne ménagère, le matin?
21. — Que fait-elle dans la matinée?
22. — Que fait-elle dans l'après-midi?
23. — Que fait la ménagère après le souper?
24. — Que fait la ménagère après le coucher des enfants?

Problème.

Une propriété de 3^{ha} 45 a été vendue au prix de 22^{f} l'are. Combien l'acheteur doit-il la louer pour en tirer un revenu de 5 0/0?

Rédaction.

Pourquoi devons-nous honorer et respecter les vieillards? — Comment devons-nous nous comporter à leur égard?

DEUXIÈME PARTIE

LE MÉNAGE

SIXIÈME LEÇON

SOIN DU MÉNAGE

> Faites bien votre emploi, en vue de Dieu, avec un grand soin et un grand zèle.
>
> (Ab. J.-M. de la Mennais.)

25. — Chambre à coucher. — La chambre à coucher! Ce nom seul fait deviner le domaine le plus cher au cœur de tous les membres de la famille. C'est dans cette chambre que se conservent les trésors du souvenir. C'est l'appartement des réceptions intimes. Entrons dans cette chambre, et voyons si la maîtresse de maison est cette femme parfaite que nous tâchons de dépeindre et de vous donner pour modèle. Gravez bien dans votre mémoire, mes enfants, les soins donnés à cette chambre, afin de profiter de cette petite leçon.

26. — Aération. — Par un temps sec, les fenêtres doivent rester ouvertes toute la journée. S'il y a de l'humidité, on établit un courant d'air pendant quelque temps, puis on ferme. Lorsqu'il fait froid, il faut fermer de bonne heure dans la soirée. Le renouvellement d'air n'est pas seulement utile à la santé, il a aussi pour but d'empêcher la propagation des insectes.

Chambre à coucher où l'air et le soleil pénètrent en abondance.

27. — Quand se fait le ménage. — Aussitôt après le lever, il faut défaire les lits ou au moins les ouvrir pour les aérer. Quand les travailleurs, le mari et les enfants sont partis, la maîtresse de maison s'empresse de faire le ménage ou de veiller à ce qu'il soit fini le plus tôt possible.

28. — Comment se fait le ménage. — On commence par les lits. La femme soigneuse ne se contente pas de les ouvrir comme le font certaines jeunes filles négligentes; elle enlève les couvertures, secoue avec soin les oreillers, la couette et le matelas. Après avoir balayé sous les meubles et dans les coins, elle passe partout un linge pour enlever la poussière. La propreté des meubles en double la valeur et la durée.

29. — Lavage des appartements. — Pour laver les appartements, on fait dans un seau une forte dissolution de savon noir ou de potasse avec de l'eau bouillante, puis on frotte avec une brosse de chiendent où un drap dans le sens des planches. L'eau du lavage s'enlève avec le même drap mouillé que l'on serre entre les mains. Si l'appartement est carrelé en briques, ce lavage est nécessaire tous les huit jours.

30. — Il ne faut rien laisser traîner. — Il ne faut rien laisser sur les lits et sur les chaises après que la chambre est faite, ni sur la table après le repas. S'il y a une jeune fille dans la maison, elle doit veiller à ce que tout soit convenablement ramassé et mis en ordre. Quand l'appartement n'a qu'une pièce, les ustensiles sont placés dans une armoire destinée à cet effet, ou dans un endroit dérobé. Les casseroles de cuivre seulement peuvent rester suspendues, mais elles seront d'un brillant irréprochable. — Quelque petite et pauvre que soit une demeure, si tout y est propre et bien rangé, elle paraîtra belle; tandis qu'un magnifique logement où tout est jeté pêle mêle, où l'on voit de la poussière et des toiles d'araignées, inspire du dégoût.

Questionnaire.

25. — Quels souvenirs rappelle la chambre à coucher?
26. — Comment aérer la chambre à coucher?
27. — Quand se fait le ménage?
28. — Comment se fait le ménage?
29. — Comment lave-t-on les appartements?
30. — Quel aspect doit présenter un appartement quand le ménage est fait?

Problème.

Vous donnez 20f à votre cuisinière pour aller au marché. Elle achète 2kg5 de bougies à 2f80 le kg; 250 grammes de café à 3f20 le kg; 2kg500 de sucre à 0f65 le demi-kilog.; un kilog. de vermicelle à 0f40 les 5 hectog.; 30 œufs à 0f90 la douzaine; 24 sardines à 4f le cent; 30 huitres à 6f le cent; 1 kg 1/2 de beurre à 0f95 les 500 grammes. Combien doit-elle rapporter?

Rédaction.

Dites ce que doit faire une jeune fille qui veut être le bras droit de sa mère, la joie de son père, et contribuer au bonheur de toute la famille.

SEPTIÈME LEÇON

ENTRETIEN DU MOBILIER DES APPARTEMENTS

C'est faire beaucoup que de
bien faire ce que l'on fait.
(IMITATION DE J.-C.)

31. — Meubles. — On peut, sans recourir à l'ouvrier, donner aux meubles un certain lustre qui les rajeunit. Les ébénistes emploient à cet effet un vernis ou encaustique qu'on se procure à bon marché; c'est tout simplement une dissolution de cire dans l'essence de térébenthine. On y met assez de petits morceaux de cire pour former une bouillie un peu épaisse : la dissolution se fait lentement. Cette pâte se conserve dans un vase fermé.

Voici comment on s'en sert : après avoir essuyé le meuble pour en ôter la poussière, on met gros comme un pois d'encaustique sur un morceau de drap avec lequel on frotte énergiquement, puis on sèche avec un autre morceau d'étoffe.

Ordinairement, à la campagne, les meubles neufs ont été frottés à la cire; la ménagère les entretient de la même manière.

32. — Boiseries. Cadres dorés. Glaces. — Un demi-kilogramme de savon dissous dans l'eau chaude suffit pour laver les boiseries. On se sert d'une brosse douce ou d'une grosse éponge, puis on essuie avec un linge sec. — Pour les cadres, on jette de l'eau sur les parties dorées jusqu'à ce qu'elle retombe bien claire ; mais on ne frotte jamais : on enlèverait la dorure. — Pour nettoyer les glaces on emploie, si l'on peut, une pomme reinette coupée par tranches : on en frotte la glace, puis on essuie avec un linge. On peut aussi se servir d'un linge imbibé d'eau et d'un peu d'eau-de-vie. On polit ensuite avec un peu de blanc d'Espagne sur un morceau de laine. — Les verres et les cristaux se nettoient par le même procédé.

33. — Garnitures de cuivre. — *Premier procédé.* — Humécter d'eau de cuivre un petit linge et en frotter le cuivre à nettoyer, puis essuyer avec un linge sec.

On obtient l'eau de cuivre en faisant dissoudre dans un litre d'eau 50 grammes d'acide oxalique pulvérisé. On conserve cette eau dans une bouteille.

Deuxième procédé. — Remplacer l'eau de cuivre par du tripoli humecté d'eau et de vinaigre.

Troisième procédé. — Le meilleur moyen, et celui qui donne le brillant le plus beau et de plus longue durée, c'est l'usage de l'ingrédient appelé *Brillant belge.* On l'emploie comme l'eau de cuivre.

34. — Fourneau. — La bonne ménagère tient toujours son fourneau très propre. Elle frotte le foyer de fonte tous les huit jours avec de la mine de plomb et fait reluire les parties polies avec du sable fin ou de la cendre de bois. Tous les deux mois environ, il est nécessaire de procéder à un nettoyage à fond des tuyaux pour empêcher le feu de prendre dans la suie.

Questionnaire.

31. — Comment entretient-on les meubles pour les faire paraître neufs?
32. — Comment entretient-on les boiseries, les cadres dorés et les glaces?
33. — Comment entretient-on les garnitures de cuivre? — Comment fait-on l'eau de cuivre?
34. — Comment nettoie-t-on le fourneau?

Problème.

Un de vos oncles en mourant laisse à son fils 3/4 de sa fortune, à son frère 1/8; il vous donne, pour les services que vous lui avez rendus, les 25 000f qui restent; quelle est la part de chacun?

Rédaction.

En arrivant le soir à la maison, vous étudiez les leçons du lendemain et vous faites les devoirs. Comment ensuite secondez-vous votre mère? Comment employez-vous la journée du jeudi?

HUITIÈME LEÇON

NETTOYAGE DU MOBILIER DE LA CUISINE

Une maison s'élève par la sagesse
et s'affermit par la prudence.
(Prov. xxiv, 3.)

35. — Cuisine. — Il faudrait qu'en entrant dans la cuisine, on pût dire à première vue : Voilà un ménage bien tenu. Il en sera ainsi, si les tables, les armoires, les buffets sont propres, la vaisselle et les ustensiles bien rangés à leur place.

Armoires de la cuisine. — La bonne ménagère lave de temps en temps les armoires de la cuisine avec du sable fin et de l'eau chaude, et elle met du papier propre ou de la toile cirée sur les étagères.

36. — Assiettes et plats. — Avant de laver les assiettes et les plats, la cuisinière soigneuse enlève tous les restes d'aliments qui s'y trouvent et les met de côté pour les animaux; puis, à l'aide d'une lavette, elle les passe à l'eau bouillante ainsi que les cuillers et les fourchettes.

Cuisine vaste et bien tenue.
La jeune fille essuie la vaisselle lavée par sa mère.

37. — Verres. Bouteilles. Carafes. — La bonne ménagère lave les verres dans une eau chaude bien claire, les frotte énergiquement, les renverse au sortir de l'eau pour qu'ils puissent s'égoutter; elle essuie ensuite avec un linge qui ne laisse pas de duvet. Les bouteilles et les carafes se lavent facilement avec des coques d'œufs, du sable, ou mieux encore avec de la cendre chaude à laquelle on a ajouté quelques gouttes de vinaigre. On rince à l'eau froide.

Quelle que soit la boisson que l'on ait à offrir, elle sera toujours acceptée avec plaisir si le verre est propre; au contraire, la meilleure liqueur est répugnante quand la carafe ou le verre dans lesquels on la présente n'ont pas été bien lavés et essuyés.

38. — Brocs à cidre. Pots à lait. — Les brocs à cidre et les pots à lait demandent à être souvent lavés à l'eau bouillante, afin qu'ils ne prennent pas une odeur d'aigre nuisible aux boissons et aux aliments qu'on y mettrait ensuite.

39. — Couteaux. — Le manche du couteau ne doit jamais être mis dans l'eau. Le meilleur moyen de rendre la lame brillante est de se servir d'une pierre calcaire dite *pierre à couteau*.

40. — Ustensiles en cuivre, en étain, en fonte. — Les objets en *cuivre* peuvent se nettoyer par le même procédé que les garnitures en cuivre des appartements. Quant à ceux d'*étain* et de *fer battu*, on les récure avec du sable ou du sel de soude; mais il est nécessaire d'en prévenir l'usure par un étamage fréquent.

Les marmites et les chaudières en *fonte* se récurent avec de la cendre chaude et un bouchon de paille. — Quand ces ustensiles ont été bien lavés et essuyés, il est bon de les mettre devant le feu ou au soleil pour qu'ils sèchent parfaitement.

41. — Évier. Lavette. — La pierre de l'évier doit être frottée à la brosse et au savon, ainsi que le baquet et son support. Mal entretenus, ces objets donneraient une odeur désagréable à l'appartement. La propreté de la lavette n'est pas non plus indifférente; on la lave avec soin, et pour qu'elle dure plus longtemps, on la pend pour la faire sécher.

Questionnaire.

35. — Quels soins faut-il prendre du local de la cuisine? — des armoires de cuisine?
36. — Comment lave-t-on les assiettes et les plats?
37. — Comment la ménagère nettoie-t-elle les verres, les bouteilles, les carafes?
38. — Comment la ménagère entretient-elle en bon état les brocs à cidre, les pots à lait?
39. — Comment se nettoient les couteaux?
40. — Quels procédés employer pour le nettoyage des ustensiles en cuivre, en étain et en fonte?
41. — Quels soins faut-il donner à la pierre de l'évier et à la lavette? Pourquoi?

Problème.

Un propriétaire a fait assurer une maison estimée 100 000^f, à raison de 0^{f}45 pour 1 000^f; un mobilier estimé 3 325^f, à raison de 0^{f}20 p. 0/0. Combien paye-t-il chaque année pour la prime d'assurance, y compris 8 p. 0/0 de la prime pour l'impôt?

Rédaction.

Votre mère est souffrante; elle vous abandonne le soin de votre petite sœur qui a 7 ans; vous lui offrez de vous charger aussi de faire seule la chambre à coucher. Dites comment vous vous acquittez de ce double emploi.

Au printemps, avant de mettre les couvertures dans l'armoire, on les bat pour en chasser la poussière.

TROISIÈME PARTIE

VESTIAIRE ET LINGERIE

NEUVIÈME LEÇON

SOIN DES VÊTEMENTS

La femme vigilante est la couronne de son époux.
(Prov. XII, 2.)

42. — Les vêtements bien soignés durent longtemps. — La bonne maîtresse de maison prend le plus grand soin de ses vêtements et de ceux de sa famille. Elle sait que les toilettes d'une personne soigneuse durent deux fois plus et sont beaucoup plus fraîches que celles d'une personne négligente. Ses enfants s'habituent de bonne heure à conserver leurs habits propres : ils font honneur à leurs parents.

43. — Les vêtements bien soignés n'ont ni tache ni accroc. — La bonne ménagère raccommode les habits dès qu'ils ont un petit accroc ou un point décousu ; elle a soin de les épousseter, de les brosser, de les étendre soigneusement pour qu'ils ne se fripent pas ; elle enlève les taches à mesure qu'elles paraissent, dégraisse les cols, les parements, etc.

44. — Précautions contre les insectes. — La femme soigneuse visite souvent ses armoires pour s'assurer que les mites ou d'autres insectes ne s'y logent pas. Au printemps, avant de serrer les vêtements de laine, elle les secoue fortement ou les bat pour en ôter la poussière: elle les enveloppe dans un linge frais avec du camphre ou du poivre légèrement pilé. On conseille, comme plus efficace, l'emploi d'un morceau de linge imbibé de pétrole, ou mieux encore, les boules de naphtaline. L'emploi des plantes à odeur forte est aussi très bon; il a de plus l'avantage de donner aux vêtements un parfum agréable.

45. — Couvertures. Bas. Fourrures. — On prend pour tous ces objets les mêmes précautions que pour les vêtements. Ceux qui doivent rester un temps considérable sans servir, sont visités de temps en temps et mis à l'air par un beau soleil. L'armoire ou la caisse qui les contient sera tenue dans une grande propreté.

Questionnaire.

42-43. — Quel est l'avantage d'avoir des vêtements bien entretenus? — Comment la ménagère les soigne-t-elle?

44-45. — Quelles précautions la femme soigneuse prend-elle contre les insectes?

Problème.

Un tuteur chargé de cinq orphelins reçoit en leur nom un héritage de 30 200 francs. Il déduira de ce capital : 1 p. 0/0 plus 2 décimes 1/2 pour droits de succession; 80 f pour frais d'inhumation; 206 f 50 pour honoraires de notaire; 105 f pour ceux du médecin et 30 f de pharmacie. Combien doit-il placer au nom de chaque enfant?

Rédaction.

Ecrivez à une jeune amie insouciante et paresseuse; montrez-lui l'inconvénient de sa conduite pour l'avenir; et, pour l'encourager, donnez-lui la signification du proverbe : *Aide-toi, le Ciel t'aidera.*

DIXIÈME LEÇON

SOIN DE LA LINGERIE

La main du paresseux produit l'indigence, la main des forts les enrichit.
(PROV. X, 4.)

46. — Avant de mettre le linge dans l'armoire. — La bonne ménagère donne à l'entretien de son linge les soins les plus minutieux. Elle ne le plie que lorsqu'il est bien sec. Elle met à part, à mesure qu'on le plie, celui qui est endommagé, pour le raccommoder ensuite ; elle range l'autre de façon que celui qui a été précédemment lessivé serve le premier. La durée du linge dépend beaucoup de cette double précaution de faire passer chaque pièce à son tour, et de le faire raccommoder au fur et à mesure qu'il se détériore.

47. — Le linge doit être aéré. — Le linge doit être tenu dans un endroit sec, d'aération facile. Il est bon d'ouvrir quelquefois les armoires par un beau soleil, quand le ménage est fait et que les poussières sont tombées.

48. — Linge sale. — La bonne ménagère suspend le linge sale sur des perches ou sur des cordes, pour que les rongeurs ne l'atteignent pas; elle choisit à cet effet un endroit sec, exposé à l'air; le grenier est le lieu qui convient le mieux. Le linge entassé, surtout quand il y en a beaucoup, pourrait éprouver une sorte de fermentation qui lui serait nuisible. Il ne faut donc jamais le mettre dans le fond d'une armoire ni même sur le plancher.

49. — La lingerie doit être bien fournie. — La parfaite ménagère a toujours sa lingerie convenablement fournie; elle veille à en renouveler chaque année quelque partie. Ainsi entretenu, le linge est toujours en bon état, et on évite les dépenses extraordinaires que l'on aurait à faire à un moment donné pour renouveler complètement une lingerie négligée.

50. — Le plus beau linge. — Le plus beau linge est, sans contredit, le linge de toile de lin ; c'est aussi le plus cher. Les petits ménages se contentent quelquefois, par nécessité,

Le linge bien soigné fait un plus long usage.

d'acheter de la toile de coton; elle ne dure pas aussi longtemps, mais elle est plus douce et plus chaude que la toile de lin. Il y a aussi une étoffe de couleur, dite flanelle de coton, très avantageuse pour faire les chemises des travailleurs; elle est moins salissante que la toile blanche et peut absorber la sueur sans causer de refroidissement; elle joue le rôle de la flanelle de laine et ne rétrécit pas au lavage.

51. — Armoire bien tenue. — Dans une armoire tenue avec goût, tout est parfaitement rangé. Chaque objet est marqué d'une lettre spéciale ou d'un chiffre. Les serviettes sont réunies par douzaines avec un petit ruban de couleur qui porte le numéro de la douzaine. La femme prévoyante a soin d'avoir une place à part pour le vieux linge, qu'elle conserve précieusement pour les malades. S'il lui est agréable de parfumer son armoire, elle peut se procurer cette satisfaction à peu de frais, soit au moyen de feuilles odorantes, citronnelle, géranium, lavande, etc., soit de fleurs aromatiques, roses, réséda, etc., ou avec des aromates un peu écrasés, clous de girofle, muscade.

Questionnaire.

46. — Comment la ménagère prépare-t-elle le linge avant de le mettre dans l'armoire?
47. — Comment la ménagère préserve-t-elle son linge de l'humidité?
48. — Quels soins donne-t-elle au linge sale?
49. — Comment la ménagère entretient-elle sa lingerie?
50. — Quel est le plus beau linge? — Quel est l'avantage du linge de coton?
51. — Dites comment la ménagère soigneuse tient son armoire.

Problème.

Une marchande a acheté 128 mètres de toile à 1 f 20 le mètre. Elle en a revendu la moitié à 1 f 40 le mètre; 1/4 à 1 f 50 et le reste à 1 f 75. Combien a-t-elle gagné p. 0/0 sur le prix d'achat?

Rédaction.

Faites l'histoire d'une jolie nappe en toile de lin, depuis le moment où la petite graine a été mise en terre, jusqu'au jour où après avoir servi pour une réunion de famille vous la mettez à la lessive.

ONZIÈME LEÇON

DE LA COUTURE

Aide-toi, le Ciel t'aidera.

52. — Utilité de la couture. — La couture est l'art le plus nécessaire à la femme. Ses aiguilles et son fil doivent être chers à la ménagère, dont ils sont quelquefois l'unique gagne-pain, et à qui toujours ils permettent de confectionner une foule d'objets utiles. La couture est aussi pour la jeune fille un puissant secours contre les dangers de l'imagination.

53. — Principaux points de couture. — Les principaux points de couture sont le point *devant*, le point *arrière*, la *piqûre*, le point d'*ourlet*, le point de *surjet*.

Le point *devant* ou *glissé* est très connu. Il sert à faire des ourlets dans les étoffes légères, à coudre les lés des robes et les coutures rabattues.

Le point *arrière*, qui est très solide, s'emploie pour fixer toutes les parties exposées à la fatigue. Pour le faire, on prend, par exemple, quatre fils; on tire l'aiguille et on la repique deux points en arrière au lieu de la piquer en avant, et ainsi de suite.

La *piqûre* est une sorte de point arrière; mais au lieu de repiquer l'aiguille de deux ou trois fils en arrière, on la fait rentrer dans l'endroit même d'où elle est sortie. La piqûre doit être régulière.

Le point d'*ourlet* sert à assujettir le bord replié d'une étoffe.

Le point de *surjet* se fait pour réunir les lisières d'un drap, d'une chemise. On applique les deux lisières l'une sur l'autre, et on pique l'aiguille sous le premier fil des deux en allant de droite à gauche.

54. — Autres points. — La jeune fille fera bien d'apprendre aussi le point de *boutonnière*, le point de *chausson* ou de *gilet*, le point de *croix* ou de *marque* et le point de *chaînette*.

Le point de *boutonnière* s'emploie pour faire les brides rondes, les brides plates et pour arrêter le fil.

Le point de *chausson* sert à faire des ourlets, à terminer les coutures rabattues dans le molleton et dans la flanelle. Ce point a l'avantage de supprimer le *rentré* de l'étoffe et de rendre les coutures moins épaisses.

Le point de *croix* ou de *marque* sert pour marquer le linge. Toute bonne ménagère doit le connaître, car la marque du linge est une chose très importante.

Le point de *chaînette* s'emploie ordinairement pour les broderies simples, mais il remplace aussi le point de *croix* pour la marque du linge.

55. — Conseils. — Enfants, quand vous vous appliquez à un ouvrage de couture, ne vous courbez pas trop; vous vous rendriez difformes et contracteriez des maladies. Ne prenez pas vos aiguillées de fil trop longues; c'est le moyen de perdre du temps et de faire casser le fil. Tirez l'aiguille avec agilité, votre couture n'en sera que plus jolie; et, que vous fassiez couture rabattue ou piqûre, plus le point sera petit, plus l'ouvrage aura de valeur.

56. — Machine à coudre. — Il est avantageux, dans les familles nombreuses, d'avoir une machine à coudre. Cette machine sera tenue avec la plus grande propreté et huilée de temps en temps. Il est important de la recouvrir quand elle ne fonctionne pas, afin de la mettre à l'abri de la poussière.

Machine à coudre.

57. — Coupe. — Toute personne intelligente peut facilement, avec un modèle, tailler les chemises, les tabliers, les vêtements simples; ce mode est de beaucoup préférable aux explications prises dans les livres et réussit mieux. S'il s'agit d'une exécution un peu difficile, la jeune ménagère prend du papier fort, l'applique sur chaque pièce d'un vêtement qui va bien, fixe ce papier avec des épingles assez rapprochées pour suivre exactement les contours, puis elle coupe à un centimètre au delà de la couture. Elle obtient ainsi un excellent patron. Il faut tailler d'abord la doublure, car si l'on faisait une mauvaise coupe, la perte ne serait pas considérable; puis on applique la doublure sur l'étoffe, que l'on a soin de disposer dans le sens convenable.

Questionnaire.

52. — Quelle est l'utilité de la couture?
53. — Quels sont les principaux points de couture? — Comment se font-ils?
54. — Quels autres points la jeune fille fera-t-elle bien d'apprendre? — Quand s'emploient-ils?
55. — Quels conseils sont donnés aux enfants pour la couture?
56. — Quels soins faut-il prendre de la machine à coudre?
57. — Comment une jeune fille peut-elle arriver à tailler sans avoir fait d'apprentissage?

Problème.

Trois sœurs achètent 28 mètres d'étoffe à 2f50 le mètre pour se faire chacune une robe. L'une en prend les 7/18; une autre 1/3, et la troisième le reste. Combien chacune payera-t-elle pour la quantité qu'elle a prise?

Rédaction.

Il n'y a pas de tailleuse dans le village que vous habitez. Les confections des tailleuses de la ville coûtent cher. Afin d'éviter à vos parents toutes les dépenses qu'il vous sera possible, vous venez de faire seule un corsage. Dites à une amie les moyens que vous avez employés et encouragez-la à faire comme vous.

DOUZIÈME LEÇON

RACCOMMODAGE

Une maille reprise à temps
en épargne *neuf*.

58. — On peut simplifier le raccommodage. — Pour simplifier le raccommodage et éviter beaucoup de dépenses et de pertes de temps, il faut :

1° Réparer sur le champ ce qui commence à être usé, si peu que ce soit. En négligeant de réparer les petits trous, il arrive souvent que l'objet finit par n'être plus raccommodable, tandis qu'il aurait pu servir longtemps s'il avait été entretenu;

2° Attacher les boutons et les agrafes avant qu'ils soient perdus;

3° Retourner à temps les draps de lit devenus minces au milieu;

4° Passer quelques fils là où l'étoffe devient claire.

Le raccommodage comprend deux choses : la *reprise* et la *pièce*.

59. — Raccommodage par reprise. — La reprise consiste à passer et repasser des fils en les croisant entre eux; ces fils doivent être passés régulièrement et suffisamment tendus; puis on les prend de deux en deux en alternant, l'un en dessus, l'autre en dessous de l'aiguille. On se sert d'un fil spécial dit coton à repriser.

On fait des reprises dans les parties usées des étoffes de laine, des bas, du linge, et lorsque, par accident, on a fait une déchirure à un bon vêtement. Quand on a de l'étoffe neuve de la même nuance que le vêtement déchiré, il est bon d'en tirer quelques fils pour faire la reprise.

60. — Raccommodage par pièce. — Quand on veut mettre une pièce, il faut que le morceau soit au moins d'un centimètre de chaque côté plus grand que la partie à remplacer.

Si l'on met une pièce à des objets en toile ou en étoffe d'une seule couleur, il suffit de placer la pièce en fil droit et dans le même sens que l'étoffe ou la toile. S'il s'agit d'une étoffe de plusieurs couleurs, ou de différents dessins, il faut bien faire attention à placer le morceau de façon que le dessin ou les fleurs se rapportent entre eux.

Questionnaire.

58. — Que fait la bonne ménagère pour le travail du raccommodage?
59. — Comment fait-on le raccommodage par reprise?
60. — » » » par pièce?

Problème.

Trois ouvrières ont travaillé ensemble pour un magasin; la 1re a travaillé 6 jours et 10 heures par jour; la 2e 4 jours et 11 heures par jour; la 3e 3 jours et 9 heures par jour. Elles ont reçu une somme de 63f 75. Que revient-il à chacune?

Rédaction.

Ecrivez à une amie. Dites-lui que vous apprenez à raccommoder le linge. Faites ressortir l'utilité de ce travail pour la ménagère. Exprimez combien vous avez été heureuse de mettre seule, pour la première fois, une pièce à la blouse de votre petit frère, et dites comment vous l'avez rapportée.

TREIZIÈME LEÇON

TRICOT

Je ne dis pas une parole, je ne fais pas une démarche, en vue de Dieu, dont il ne me tienne compte.
(AB. J.-M. DE LA MENNAIS.)

61. — Savoir tricoter est important. — On vend aujourd'hui des bas faits à la machine qui sont solides et qui ne coûtent pas cher. Il est cependant bon de savoir tricoter; quelque peu qu'on gagne, c'est toujours autant. D'ailleurs le tricot se fait pendant des heures qui autrement seraient perdues. Par exemple, on prend aussi bien part à une conversation en tricotant qu'en se croisant les bras. D'autre part, on fait durer les bas beaucoup plus longtemps quand on y a tricoté un nouveau talon ou une nouvelle pointe. L'expérience prouve qu'une jambe de bas peut user deux pieds. Il faut donc savoir tricoter pour empiéter, ou, comme on dit ordinairement, enter les bas.

62. — Il faut savoir enter les bas. — La femme soigneuse apporte beaucoup d'attention à l'enture des bas. Elle coupe toute la partie usée et reprend plusieurs tours au-dessus pour ne pas travailler sur une laine amincie. Si la laine qu'elle emploie à cet effet est plus grosse, elle diminue de suite quelques points; si la laine est plus fine, elle augmente.

63. — Les petites filles apprennent à tricoter. — Le tricot est le premier et le dernier ouvrage de la femme. Qui n'a vu, en effet, l'application soutenue de ces fillettes

La leçon de tricot.

dont les petites mains tiennent, bien serrées, deux longues aiguilles au moyen desquelles elles s'étudient à faire un ruban appelé jarretière? Et qui, le plus souvent, leur apprend le tricot, si ce n'est la bonne aïeule aux cheveux blancs, dont les yeux affaiblis se refusent à tout autre ouvrage? Le tricot est donc aussi un remède contre l'ennui dans la vieillesse.

64. — Éléments du tricot. — Le tricot n'a guère de théorie; comme beaucoup d'autres ouvrages, il s'apprend surtout par la pratique.

Il y a deux sortes de *mailles* : la maille droite et la maille à l'envers.

L'*augmentation* se fait en tricotant deux mailles dans une seule, ou bien en tournant la laine sur l'aiguille pour la tricoter au tour suivant.

La *diminution* se fait en tricotant deux mailles ensemble pour n'en faire qu'une, ou bien en rabattant l'une sur l'autre.

Avec ces simples connaissances, on apprend à varier des dessins d'une manière intéressante.

Questionnaire.

61. — Pourquoi est-il important de savoir tricoter?
62. — Comment feriez-vous si l'on vous disait d'enter un bas?
63. — Les petites filles peuvent-elles apprendre le tricot? — Qui le leur apprend?
64. — Comment apprend-on le tricot? — Comment fait-on une augmentation? — une diminution?

Problème.

Une ouvrière tricote des bas de laine qui pèsent 180 gr. la paire; la laine lui coûte 8f50 le kg. Elle met 62 jours pour en faire 30 paires. Combien ce travail lui rapporte-t-il par jour, si elle vend une paire de bas 2f50?

Rédaction.

Racontez à une de vos amies comment vous passez vos soirées en famille. Dites pourquoi vous avez choisi le tricot pour vous occuper pendant les longues conversations. Vous avez eu beaucoup de plaisir à faire des bas pour vos petites sœurs, mais vous êtes au comble de la joie de pouvoir en offrir à votre bon père qui se fatigue tant pour vous.

QUATORZIÈME LEÇON

BLANCHISSAGE

> Le travail nous est également nécessaire pour assurer notre bonheur en ce monde et pour nous sanctifier.
> (AB. J.-M. DE LA MENNAIS.)

65. — Lessivage du linge. — Le blanchissage du linge consiste à le dépouiller des matières étrangères dont l'usage l'a souillé.

La lessive ou le lessivage comprend trois opérations : l'*essangeage*, le *coulage* et le *lavage*.

66. — Essangeage. — Essanger, c'est bien savonner et frotter le linge pour le débarrasser du plus sale. L'essangeage se fait à l'eau froide ou tiède, jamais à l'eau chaude. Quand la ménagère a peu de linge, elle fait cette opération chez elle, au baquet; elle se sert *d'eau tiède* et laisse le linge dans l'eau savonneuse pendant quelques heures : il se nettoie alors beaucoup mieux.

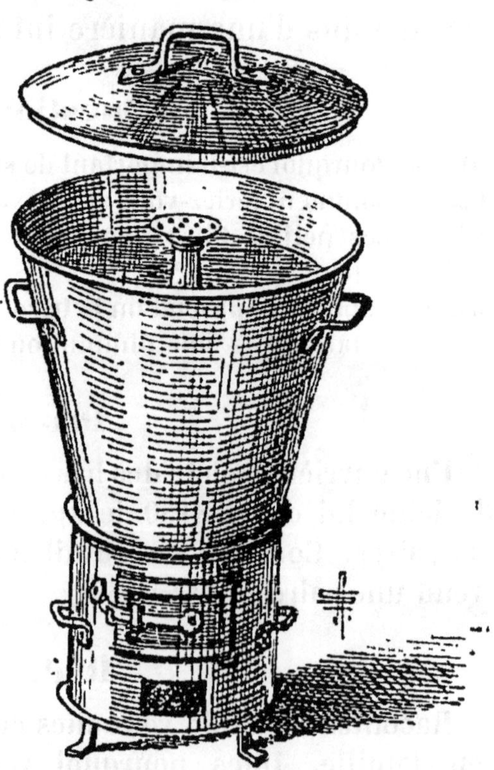

Lessiveuse à vapeur.
L'eau, chauffée dans la partie inférieure, s'élève dans le tube central, d'où elle sort en jets brûlants par la pomme d'arrosoir pour se répandre sur toute la surface du linge, qu'elle traverse peu à peu.

67. — Coulage. — Après avoir essangé le linge, la ménagère l'empile dans une cuve, en ayant soin de mettre dessous le gros linge :

draps de lit, torchons, etc.; le menu se place toujours dessus. Elle recouvre le tout d'un grand drap qu'on appelle cendrier, qui déborde tout autour de la cuve, et elle y dépose une couche de cendre de bois proportionnée à la quantité du linge à blanchir. Sur cette cendre, elle jette de l'eau chaude qui traverse le linge et va s'écouler par un trou ménagé au bas de la cuve ou par un robinet. Après avoir été réchauffée, l'eau est de nouveau jetée sur la cendre. L'opération continue plus ou moins de temps (au moins dix heures quand la quantité de linge est considérable). Il faut chauffer de plus en plus la lessive afin d'arriver à la verser bouillante.

68. — Lavage. — Le lendemain du coulage, pendant que le linge est encore chaud, on procède au lavage. On savonne, mais moins que pour l'essangeage. La bonne ménagère lave à grande eau et bat bien le linge pour enlever la couleur jaune de la lessive.

Elle passe ensuite le linge fin à l'eau bleuie avec de l'indigo en boules ou bleu d'outremer. Elle lie les boules dans un petit linge pour ne pas faire de taches, mais elle n'en met que très peu, juste ce qui est nécessaire pour augmenter la blancheur du linge. Elle termine en mettant à sécher.

69. — Séchage. — La bonne ménagère apporte à ce moment un grand soin à son linge. Elle veille à ce qu'on ne le torde pas fort; et même, s'il est fin ou vieux, elle le presse au lieu de le tordre. Le linge se détériore et se déchire quand on ne prend pas ces précautions.

Quand le séchoir est fait avec des cordes tendues ou des fils métalliques, il faut les essuyer fortement avant d'y mettre le linge.

70. — Lavage du linge fin. — La ménagère soigneuse

ne met à la lessive, ni le linge fin ni celui des enfants; elle préfère un bon savonnage, qu'elle fait à peu près chaque semaine, à l'eau tiède. Après avoir bien décrassé ce linge et l'avoir laissé tremper pendant quelques heures, elle le fait bouillir dans une eau très savonneuse pendant un quart d'heure au plus, puis elle le lave à l'eau froide. Il devient d'une blancheur éblouissante.

71. — Désinfection du linge. — Les vêtements et le linge qui ont servi à un malade atteint d'une maladie contagieuse seront désinfectés avec soin. On les fera bouillir pendant cinq à dix minutes dans une dissolution de cristaux de soude à 1 pour 100 (un kilo pour cent litres d'eau.) Le lendemain on réitérera l'opération, puis on les soumettra au lavage ordinaire.

On peut aussi les désinfecter par l'acide sulfureux. Pour cela, on suspend le linge sur des cordes dans une chambre dont on calfeutre soigneusement toutes les ouvertures. On met du soufre en petits morceaux, avec quelques copeaux ou charbons, dans un mauvais plat qu'on pose sur un lit de sable plus large que le plat. On met le feu au soufre et l'on sort, puis on ferme hermétiquement la porte. Le lendemain, on ouvre et on met les effets à l'air libre.

Quand il y a une étuve municipale, le mieux serait d'y porter le linge à purifier.

Questionnaire.

65. — Qu'est-ce que le blanchissage du linge?
66. — Parlez de l'essangeage.
67. — Comment se fait l'opération du coulage de la lessive
68. — Comment la ménagère fait-elle le lavage de la lessive?
69. — Parlez de la manière de procéder au séchage.
70. — Comment la ménagère lave-t-elle le linge fin et celui des enfants?
71. — Comment s'y prend-on pour désinfecter les vêtements et le linge?

Problème.

Un menuisier gagne 3 fr, 75 par jour et dépense 15 fr. par semaine. Combien lui faut-il d'années pour réaliser un capital de 1900 fr., s'il travaille 305 jours par an?

Rédaction.

Thérèse habite la ville. Elle a remarqué que son linge est mal lavé et souvent endommagé au blanchissage. Elle en exprime ses regrets à sa cousine Eugénie qui habite la campagne et elle lui demande comment il faut s'y prendre pour avoir de beau linge comme celui de sa tante.

QUINZIÈME LEÇON

LAVAGE DES BAS, DES FLANELLES ET DES COTONNADES

Bonne épargne dans la jeunesse
se retrouve dans la vieillesse.

72. — Flanelles. Bas. — Les étoffes provenant du règne animal : soie, laine, ne se mettent pas à la lessive, car la potasse les altère considérablement. Il faut donc faire un lavage à part des bas de laine et des flanelles.

Savonnage du linge.

Pour le lavage des flanelles, la bonne ménagère fait dissoudre du savon dans de l'eau tiède, y ajoute un peu de sel de soude, par exemple de 40 à 50 grammes pour 20 litres d'eau. Elle trempe à plusieurs reprises les flanelles dans cette eau, puis les étend sur une planche et les brosse avec une brosse de crin. (Le brossage empêche le rétrécissement qui se produit quand on frotte à la main.) Ensuite, après les avoir rincées à l'eau fraîche, elle les étend sur des cordes dans le séchoir; jamais elle ne les expose au soleil ni devant le feu pour les faire sécher. La même eau sert pour le lavage des bas.

La ménagère économe utilise, pendant qu'elle est encore chaude, l'eau savonneuse qui lui a servi pour le linge fin, et elle s'en sert pour les bas, les flanelles, les tabliers de coton, etc.

73. — Tabliers, robes et mouchoirs de couleur. — Ces cotonnades ne se lessivent pas comme le linge. Il est bon de se servir d'eau de pluie quand on le peut : cette eau dissout mieux le savon; aussi la bonne ménagère en recueille-t-elle autant que possible. Pour que ces objets soient bien lavés et frais, il faut d'abord les savonner, puis les faire tremper dans de l'eau tiède, soit pure, soit mélangée de lessive. La potasse du savon ayant fait dissoudre les matières graisseuses, on presse la savonnée pour jeter l'eau sale; on se sert ensuite d'autre eau de savon plus chaude que la première. Après quelques heures, tout se lave parfaitement. On rince à l'eau claire. — Toutes ces cotonnades se repassent humides, et à l'envers quand la forme le permet.

74. — Vêtements de laine. — Ordinairement les vêtements de laine ne se lavent pas à grande eau; il y en a cependant quelques-uns qui peuvent subir ce lavage : les robes de mérinos, d'orléans, et autres étoffes de bon teint.

Après avoir bien savonné à sec et frotté les taches un peu humectées, on lave le tout. Il faut mettre à sécher sans tordre. Toutes les étoffes de laine se repassent à l'envers.

Questionnaire.

72. — Comment lave-t-on les flanelles et les bas?
73. — Comment lave-t-on les tabliers, les robes, les mouchoirs de couleur?
74. — Comment lave-t-on les vêtements de laine?

Problème.

Faites la facture suivante : 125 livres de savon à 0 fr. 80 le kg.; 3 kg. 4 gr. d'huile à 0 fr. 20 l'hectogr.; 2 kg. 4 décagr. de café à 3 fr. 25 le kg.; 6 douzaines de petites galettes à 2 fr. 50 le cent; 2 kg. 1/2 de confitures à 120 fr. les 100 kg.; un sac de châtaignes pesant 185 livres à 15 fr les 100 livres.

Rédaction.

Eugénie répond à Thérèse et lui explique comment se font les opérations du lessivage.

SEIZIÈME LEÇON

NETTOYAGE DES VÊTEMENTS

Quand on ne travaille qu'à regret et en murmurant, on le fait sans mérite.
(AB. J.-M. DE LA MENNAIS.)

75. — Taches d'huile et de graisse. — Les taches d'huile et de graisse ne disparaissent presque jamais entièrement. On peut essayer de les enlever de la manière suivante : Après avoir mis un linge quelconque sous l'endroit taché et passé le savon à sec, on frotte énergiquement avec une brosse, jusqu'à ce que le linge de dessous ne soit plus sali. On enlève ensuite les traces de savon avec de l'eau claire et on repasse à l'envers. Quand le vêtement est doublé, l'emploi du linge n'est plus possible ; la tache s'arrêterait dans la doublure avant d'arriver à ce linge. On se sert alors de térébenthine où d'ammoniaque.

76. — Taches de bougie. — Les taches de bougie sont faciles à enlever. Il suffit de verser de l'eau-de-vie ou simplement de l'eau froide sur la tache et de gratter en même temps en dessous avec l'ongle de l'index : la bougie se détache en petits granules que l'on fait tomber adroitement. De cette façon il ne reste aucune trace de graisse, ce qui arrive presque toujours quand on se sert d'un papier de soie et d'un fer chaud.

77. — Taches de fruits, de vin. — Il est très facile d'enlever les taches de fruits et de vin sur du linge blanc. On mouille la tache avec de l'eau fraîche, puis on la tient étendue sur de la fumée de soufre. Pour que la vapeur du soufre soit bien dirigée, on fait un cornet de papier, on laisse ouverte la partie pointue, et l'on brûle en dessous une allumette soufrée. La tache disparait aussitôt. On n'emploie pas ce procédé pour les étoffes de couleur : elles changeraient de teinte.

Les taches de fruits et de vin s'enlèvent au moyen de l'eau de chlore presque bouillante ; mais, employé à l'état solide, le chlorure de chaux brûlerait le linge.

78. — Taches de rouille, d'encre, de peinture. — Les taches de rouille font des trous dans le linge ; aussi la bonne ménagère les enlève dès qu'elle les voit. Elle mouille l'endroit taché, y répand une pincée de sel d'oseille pulvérisé, expose le linge au soleil et la tache disparait en un instant. — Un autre moyen, c'est de faire dissoudre du sel d'oseille à l'eau bouillante et de tremper la partie tachée dans cette dissolution; puis on frotte doucement et on rince.

Les taches *d'encre* ordinaire s'enlèvent de la même manière; celles d'encre d'aniline, violette ou noire, s'enlèvent avec de l'esprit de vin.

Les taches de *peinture* s'enlèvent facilement avec de la benzine ou de la térébenthine, quand elles sont fraiches.

Questionnaire.

75. — Comment la bonne ménagère enlève-t-elle les taches d'huile et de graisse?
76. — Indiquer le moyen d'enlever les taches de bougie.
77. — Comment se débarrasser des taches de fruits, de vin?
78. — Quel procédé employer pour enlever les taches de rouille, d'encre et de peinture?

Problème.

Une maîtresse de maison a un tapis de 5 mètres de long sur 3 m. 75 de large, qui lui coûte 16 fr. 50 le mètre carré. Elle achète pour le doubler une étoffe ,de 0 m. 75 de largeur. La dépense totale s'étant élevée à 360 fr., on demande le prix du mètre linéaire de la doublure.

Rédaction.

Votre cousine Jeanne est plus jeune que vous; c'est une enfant peu soigneuse. Afin de lui faire comprendre combien sa mère se donne de peine pour la tenir proprement, dites-lui comment vous secondez votre mère pour entretenir en bon état, les tabliers, les bas et les autres vêtements de vos frères et de vos sœurs.

DIX-SEPTIÈME LEÇON

REPASSAGE

Faire le bien est la joie du juste.
(PROV. XXI, 15.)

79. — La ménagère doit savoir repasser le linge. Le repassage des coiffes, des bonnets et des chemises étant assez coûteux, il est bon que la ménagère en ait au moins

Repassage du linge.

quelques notions. Elle évitera ainsi une dépense qui, revenant chaque semaine, chargerait lourdement le budget annuel.

80. — Cuisson de l'empois. — Avant de cuire l'amidon, la ménagère le fait dissoudre dans un peu d'eau froide. Quand il est bien délayé, elle y verse l'eau nécessaire pour la quantité à préparer; puis elle le met sur le feu et remue jusqu'à cuisson complète. Si de petits grumeaux se forment pendant la cuisson, elle passe l'empois par un linge très fin.

81. — Empesage. — Pour empeser les coiffes, les rideaux, les robes blanches, on se sert d'amidon cuit, dans lequel on met un peu de cire blanche pour le rendre plus brillant et empêcher le fer de coller; quelques gouttes de vinaigre rempliraient le même but. En général, la mousseline et le tulle demandent un amidonnage très léger.

Pour les cols, les manchettes et les chemises d'hommes, il ne faut pas faire cuire l'amidon, mais le dissoudre dans l'eau froide; on peut y joindre un peu de bleu ou indigo en boules. Puis, après avoir fait tremper chaque objet, on le bat entre les mains; on l'étend ensuite sur un drap propre pour le frotter avec un linge plus dur.

82. — Conseils pratiques. — On ne peut réellement apprendre à bien repasser qu'en le voyant faire, et en s'y exerçant ensuite; cependant les conseils suivants pourront servir à la débutante.

La table du repassage doit être garnie d'une couverture de laine et d'un drap très blanc qu'il faut épingler avec soin pour qu'il ne forme aucun pli. On pose très droit devant soi l'objet que l'on a à repasser, et, comme il faut qu'il soit humide, on a constamment à sa portée de l'eau fraîche pour l'humecter. La bonne ouvrière promène toujours le fer dans le même sens et ne se sert jamais d'un fer trop chaud. L'opération n'est terminée que lorsque le linge est très sec; quand on cesse trop tôt, il perd toute sa beauté en séchant. Si l'objet que l'on repasse vient à roussir, on le trempe vite dans l'eau froide.

83. — Soins à prendre pendant et après le repassage. — Le fer peut être cause d'accidents fâcheux si l'on ne prend aucune précaution. On a vu des incendies se déclarer après un repassage. Ayez donc soin, jeunes filles, de ne jamais poser le fer sur la table ou sur le plancher, mais sur une petite grille affectée à cet usage. Quand il ne vous est plus utile, ne vous en allez pas sans le vider si c'est une boîte, ou sans éteindre le feu si vous vous servez de plaques. — Après le repassage, frottez le fer et enveloppez-le dans un chiffon de flanelle. Pour prévenir la rouille, enduisez la surface polie avec un peu de cire blanche.

Questionnaire.

79. — Pourquoi la ménagère doit-elle savoir repasser?
80. — Comment la ménagère cuit-elle l'empois?
81. — Quels objets empèse-t-elle : 1° à l'amidon cuit? 2° à l'amidon cru? Comment s'y prend-elle?
82. — Quels conseils est-il à propos de donner à une débutante au sujet du repassage?
83. — Quels sont les soins à prendre pendant et après le repassage?

Problème.

Une écolière a fait une couverture de coton avec 8 carrés dans le sens de la longueur et 7 dans le sens de la largeur; elle a mis 4 h. 25 minutes pour faire un carré. Combien vaut cette couverture si l'ouvrière a employé 25 hectog. de coton à 3 fr. 50 le kilog. et si l'heure de travail est estimée 0 fr. 20?

Rédaction.

Vous venez d'être témoin d'un triste spectacle : un incendie chez de bons villageois, travailleurs infatigables, qui ont perdu en une heure le fruit de leur travail. Exprimez votre compassion pour les pauvres incendiés, et dites comment les voisins sont venus en aide à leurs amis. — Vous avez demandé à vous charger d'une petite fille de huit ans jusqu'à ce que les parents aient réparé leurs pertes.

QUATRIÈME PARTIE

LA CUISINE

DIX-HUITIÈME LEÇON

PAIN

> Celui qui cache le froment sera maudit du peuple; celui qui ouvre ses greniers recevra ses bénédictions.
>
> (Prov. XI, 26.)

84. — La nourriture doit être fortifiante. — La nourriture simple et frugale est celle qui convient le mieux. La bonne ménagère y donne tous ses soins, afin de rendre les mets plus savoureux et plus fortifiants. Elle sait préparer avec des choses communes d'excellents repas qui ne coûtent pas cher. Il est donc nécessaire que les jeunes filles aient quelques notions de cuisine, et que, de bonne heure, elles attachent à cette partie de leurs fonctions une grande importance.

85. — Aliment principal. — Le principal aliment de l'homme est le pain; c'est le plus commun et le plus sain de tous. On ne s'en lasse jamais; il revient à tous les repas, sur la table du riche comme dans la main du pauvre. Aussi nous prions chaque jour le bon Dieu de nous donner notre pain quotidien.

86. — Comment se fait le pain. — Le pain se compose

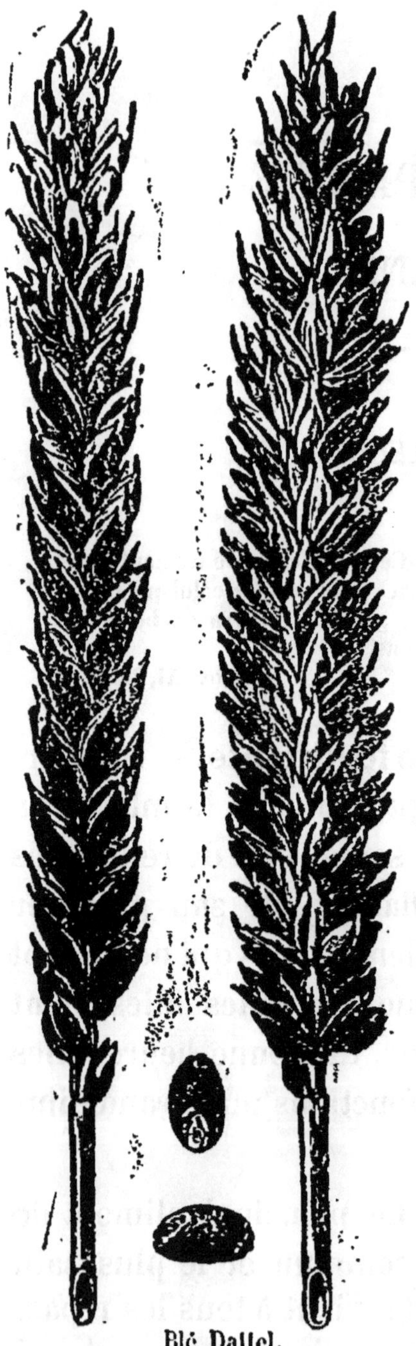
Blé Dattel.

de farine de froment ou de seigle que l'on pétrit avec de l'eau tiède, du sel et du levain. Quand la pâte a été fortement travaillée, on la laisse en repos pendant un certain temps pour la fermentation, puis on la divise en pains que l'on fait cuire dans un four chauffé à un degré convenable.

Boulangerie.

87. — Pain le plus nutritif. — Le pain le plus nourrissant est celui que l'on fait avec de la farine non blutée. On l'appelle vulgairement pain de ménage. S'il est moins blanc et moins beau que le pain à croûte dorée, il convient mieux aux personnes qui, dépensant beaucoup de forces, ont besoin pour les réparer, d'une nourriture plus solide que délicate.

88. — Pain le plus facile à conserver. — Le pain de ménage se conserve de huit à quinze jours, selon la température, sans devenir trop sec. Au bout de ce temps, le pain de fine fleur ne serait plus mangeable. Le pain bis est donc préférable puisqu'il a l'avantage de se conserver, et aussi parce que le pain rassis est plus sain et plus économique que le pain frais.

89. — Auxiliaires du pain. — Quoique le pain soit un aliment complet et qu'il forme la base de notre nourriture, seul il ne pourrait suffire. Il a pour auxiliaires la viande, le poisson, les œufs, le lait, le beurre, la graisse, le fromage et les légumes.

Questionnaire.

84. — Comment rend-on la nourriture fortifiante et savoureuse?
85. — Pourquoi le pain est-il le principal aliment?
86. — Comment fait-on le pain?
87. — Quel est le pain le plus nutritif? — A qui convient-il surtout?
88. — Quels sont les avantages du pain de ménage?
89. — Quels sont les auxiliaires du pain?

Problème.

Votre père a acheté 6 hectol. de blé. Quel poids de pain en retirera-t-il si 8 litres de blé donnent 6 kilogrammes de farine, et s'il faut 4 kilog. de farine pour faire 5 kilog. de pain?

Rédaction.

Histoire d'un pain racontée par lui-même, depuis le dépôt du grain de froment dans la terre jusqu'à la cuisson du pain.

DIX-NEUVIÈME LEÇON

SOUPE

Grasse cuisine a pauvreté pour voisine.

90. — Feu modéré. Eau excellente. — La bonne ménagère a soin d'avoir un feu bien entretenu, mais modéré. Une cuisson lente et tranquille est préférable à la cuisson précipitée et rend les mets plus savoureux et plus succulents.

Si elle n'a à sa disposition que de l'eau non potable, c'est-à-dire impropre à bien cuire les légumes et à dissoudre le savon, elle la corrige avec du sous-carbonate de potasse dans la proportion d'un gramme pour cinq litres d'eau. L'eau devient ainsi plus légère, plus digestible ; elle cuit parfaitement les légumes et attendrit les viandes sans nuire à leur fermeté.

91. — Importance de la soupe. — La soupe est un aliment agréable, de digestion facile et préparant bien l'estomac à utiliser les autres aliments. Nos pères en faisaient la base de leurs repas. Napoléon disait qu'elle est le soutien des empires. Il est très regrettable que, même dans la campagne, le café se substitue à la soupe pour le déjeuner des enfants.

92. — Le bon bouillon. — Le bouillon le plus nutritif se fait avec de la viande de bœuf ou de vache ; le plus léger est celui de veau ou de poulet. — La ménagère se sert d'une marmite dont le couvercle ferme hermétiquement. Elle y met de la viande en quantité convenable, des os broyés, du sel, du beurre, de l'eau froide, et la place sur le feu. — Après avoir écumé, elle ajoute les légumes et entretient un feu doux pour que la cuisson se fasse lentement ; elle découvre le moins possible. Si elle a besoin d'augmenter le liquide, elle ne se sert jamais d'eau froide, ni d'eau tiède, mais d'eau bouillante ou au moins très chaude. Il faut de cinq à six heures pour un *consommé* de bœuf.

Race Durham, très facile à engraisser.

Quand la viande doit servir de mets principal au repas, elle n'est mise dans la marmite qu'au moment où l'eau est bouillante. Le bouillon est alors de moindre qualité, mais la viande est plus succulente.

93. — Bouillon gras pour les malades. — Mettez un morceau de veau ou un quartier de poulet dans l'eau avec du sel, du poivre, du cerfeuil et des laitues, et faites cuire doucement pendant deux heures.

94. — Soupes aux pâtes. — Faites bouillir du bouillon gras et jetez-y, d'une main, une cuillerée ou deux par personne de l'une des pâtes suivantes : vermicelle, tapioca, semoule, macaroni, etc., pendant que de l'autre main vous remuez avec une cuiller de bois. Le vermicelle a été préalablement rompu avec les doigts. Un quart d'heure de cuisson suffit.

Poireau monstrueux de Carentan.

95. — Potage à la julienne. — Pour faire un potage à la julienne, on coupe bien fin oignons, céleri, poireaux, panais, navets, carottes; on les fait cuire au beurre pendant un quart d'heure en mouillant avec de l'eau; on ajoute ensuite du bouillon gras, du sel, du poivre et on fait bouillir pendant trois quarts d'heure.

96. — Soupes maigres. — Les soupes aux pâtes et le potage à la julienne se font au maigre comme au gras; au lieu de bouillon, on met du lait ou de l'eau et du beurre. — Les soupes à l'oignon, à l'oseille, aux bettes, aux épinards se préparent comme le potage à la julienne.

Carotte demi-courte de Guérande.

97. — Soupe aux haricots verts. — Otez d'abord les filandres, puis jetez les haricots dans la marmite avec un bouquet garni ; assaisonnez et laissez cuire. On y ajoute ordinairement des pommes de terre. — La soupe aux petits pois égrenés se prépare de la même manière.

Questionnaire.

90. — Quelles sont les conditions d'une bonne cuisine relativement au feu et à l'eau ?
91. — Montrez les avantages de la soupe.
92. — Comment se prépare le bon bouillon ?
93. — Comment se fait le bouillon gras pour les malades ?
94. — Indiquez la préparation des soupes aux pâtes.
95. — Quelle est la recette du potage à la julienne ?
96. — Comment se préparent les soupes maigres ? — Quelles sont les principales ?
97. — Comment se fait la soupe aux haricots verts et aux pois ?

Problème.

On a acheté 1000 assiettes à 22 fr. le cent. On en casse 95. Combien faut-il vendre l'assiette pour gagner 15 p. 0/0 sur le prix d'achat ?

Rédaction.

En l'absence de votre mère, vous avez été maîtresse de maison. Dites, dans une lettre à une amie, comment vous avez préparé le dîner.

VINGTIÈME LEÇON

SAUCES

L'économie nous met en état de faire l'aumône; c'est le motif qui nous la doit faire aimer.
(Mme DE MAINTENON.)

98. — Sauces. — Les sauces sont des assaisonnements liquides à base de farine et de beurre ou d'huile, dont on accompagne divers mets pour les rendre plus appétissants ou plus nutritifs. Elles permettent d'utiliser les restes et d'en faire des plats présentables. On en relève le goût au moyen des épices et des aromates.

99. — Épices. — Les épices comprennent le sel, le poivre, le clou de girofle, la cannelle et la muscade. Les quatre derniers sont appelés *quatre-épices*.

100. — Aromates. — Les plantes aromatiques employées en cuisine sont le persil, le thym, le cerfeuil, la sarriette, le laurier, l'hysope, la marjolaine. Il en faut peu de chaque espèce, surtout du laurier. On les lie ensemble pour faire un *bouquet garni*.

101. — Liaisons. — On prépare les liaisons avec un ou plusieurs jaunes d'œufs délayés dans un peu de sauce ou de bouillon. On les emploie pour épaissir une sauce quelconque que l'on trouve trop claire. Les sauces doivent recevoir la liaison aussitôt après avoir été retirées du feu; on remue avec la cuiller de bois.

102. — Sauce rousse. Sauce blanche. — Toute bonne ménagère sait préparer un roux. Elle fait roussir le beurre, y ajoute un peu de farine qu'elle délaye, puis elle allonge la sauce avec de l'eau ou du bouillon. — La sauce blanche se fait de la même manière, mais avec du beurre non roussi. On peut y ajouter des aromates, selon son goût.

103. — Sauce piquante. — Faites d'abord un roux; après l'avoir mouillé avec du bouillon, mettez échalotes et persil; mêlez pour faire épaissir, puis ajoutez du vinaigre. On sert cette sauce avec la tête de veau, les pieds de veau, les artichauts, etc.

104. — Sauce vinaigrette. — Pour faire cette sauce, mettez dans un bol des échalotes, de l'ail, des oignons, du persil, le tout coupé très fin; ajoutez sel, poivre, huile et vinaigre; remuez pour mélanger. Cette sauce convient aux viandes froides, au poisson, aux œufs durs, aux artichauts, etc.

105. — Sauce mayonnaise. — Pour faire une bonne sauce mayonnaise, mettez dans un bol un jaune d'œuf frais, ou plus selon la quantité de sauce; saupoudrez de sel et de poivre; attendez dix minutes, puis délayez le tout avec de l'huile que vous versez lentement goutte à goutte. On sert cette sauce avec le brochet, le homard, les viandes froides, etc.

Questionnaire.

98. — Qu'est-ce que les sauces?
99. — Quelles sont les épices?
100. — Qu'appelle-t-on bouquet garni?
101. — Qu'est-ce qu'une liaison, en cuisine?
102. — Comment se fait la sauce rousse? — la sauce blanche?
103. — Indiquez la manière de préparer la sauce piquante.
104. — Comment se prépare la sauce vinaigrette? — Quel est son emploi?
105. — Indiquez la préparation et l'emploi de la sauce mayonnaise.

Problème.

Un propriétaire a vendu à son boulanger 20 stères 1/2 de bois à 55 fr. le décastère, et 380 fagots à 20 fr. le cent. Il en a reçu 160 pains de 3 kilog. à 30 cent. le kilog. Lequel redoit à l'autre et combien?

Rédaction.

Remerciez votre marraine qui vous invite à passer chez elle une partie des vacances. Rien ne pouvait vous être plus agréable, vous l'aimez tant! Vous lui porterez de beaux prix et lui donnerez des preuves de vos progrès dans l'art de la cuisine.

VINGT ET UNIÈME LEÇON

VIANDES BOUILLIES

> Ne désire point les délices de la table.
> (Prov. XXIII, 3.)

106. — Différents apprêts de la viande. — La viande se mange rôtie, bouillie ou en sauce. Rôtie, elle est plus

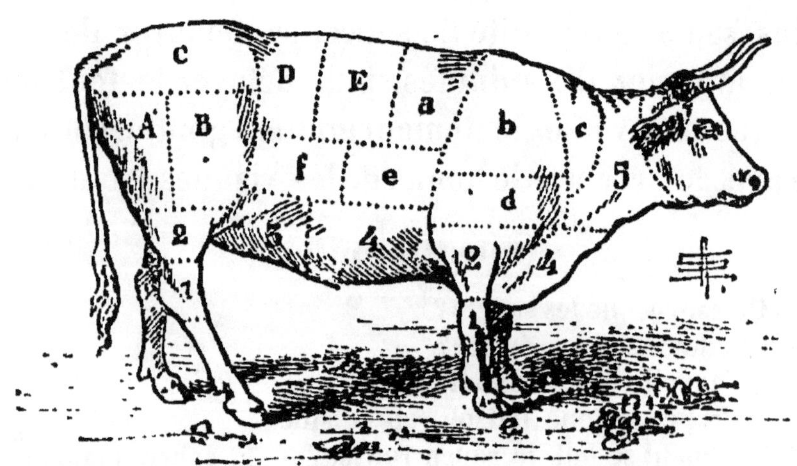

Les diverses qualités de la viande de bœuf.

1re qualité. — A. Gite à la noix. B. Tranche grasse. C. Culotte. D. Aloyau avec filet. E. Faux filet. — *2e qualité.* — a. Côtes couvertes à la noix. b. Paleron. c. Talon de collier. d. Boîte à moelle. e. Plates côtes. f. Bavette d'aloyau. — *3e qualité.* — 1. Crosse. 2. Gite ou trumeau. 3. Flanchet ou pis. 4. Poitrine. 5. Collier. — *4e qualité.* — Joues et tête.

nourrissante; bouillie, elle est plus économique et donne un bon bouillon. Beaucoup de ménages ne peuvent se procurer le rôti plusieurs fois par semaine; mais la bonne ménagère sait varier les préparations du bouilli de manière à le rendre toujours agréable aux convives.

107. — Bouilli réchauffé. — Un reste de bouilli peut être mis à réchauffer dans la soupe, mais il perd toujours un peu de sa saveur. On peut aussi le manger froid sans préparation, ou mieux le mettre en salade.

108. — Bouilli en ragoût. — La ménagère fait de bon ragoût avec le bouilli. Elle prépare un roux au persil, y jette le bouilli coupé en petits morceaux et une tranche ou deux de pain grillé rompu en petits fragments. — Ce ragoût serait encore meilleur aux carottes.

109. — Bouilli au beurre. — Le bouilli coupé par tranches et frit dans le beurre est très appétissant si on y ajoute de fines herbes hachées bien menu.

110. — Emploi des restes de viande. — *1° Hachis.* — Pour faire le hachis, la bonne ménagère coupe bien menu tous les restes, puis elle met sur le feu du beurre dans lequel elle fait cuire des oignons, et elle y jette le hachis avec sel et poivre. Quelques minutes de cuisson suffisent.

2° Pâté. — Pour faire du pâté, hachez bien menu tous vos restes; ajoutez au hachis : épices, ail, échalotes, deux blancs d'œufs pour lier et donner de la consistance; mélangez en boulangeant bien le tout. Mettez ce mélange dans un plat de terre et recouvrez d'une crépine, puis mettez au four. La cuisson doit durer deux heures.

Si la cuisinière n'a pas de four, elle fait cuire son pâté

dans une casserole. Après cuisson, elle le dépose dans un vase, pèse dessus pour lui faire prendre la forme du vase et bien faire lier les viandes. Après refroidissement, le pâté est parfait. Il est meilleur encore quand on ajoute aux restes un peu de viande fraîche.

Questionnaire.

106. — Quelles sont les trois manières de préparer la viande? — Dites leurs avantages.
107. — Comment se sert un reste de bouilli?
108. — Comment se prépare le bouilli en ragoût?
109. — Que savez-vous sur le bouilli au beurre?
110. — Comment utilise-t-on les restes de viande : 1° en hachis, 2° en pâté?

Problème.

Un père de famille prend trois livrets à la caisse d'épargne; sur le sien il fait inscrire 500f; sur celui de sa femme 425f, et sur celui d'une de ses filles 95f, montant de ses économies. Après 9 mois de placement, l'argent est retiré. Combien cette famille recevra-t-elle, à 3f 75 0/0?

Rédaction.

Vous avez treize ans. Votre sœur aînée, qui vient de se marier, est désolée de vous laisser seule, si jeune, auprès de votre mère infirme. — Répondez-lui et rassurez-la. Vous soignez très bien votre bonne mère.

VINGT-DEUXIÈME LEÇON

VIANDES ROTIES

Grasse cuisine,
Testament maigre.

111. — Côtelettes rôties. — Si vous voulez bien préparer des côtelettes, passez-les au beurre; retournez-les quand elles ont pris une couleur dorée. Semez une pincée de farine; continuez de faire roussir avec la farine. Versez ensuite un peu de bouillon ou d'eau; ajoutez sel, poivre, et, si vous voulez, fines herbes et un filet de vinaigre. Laissez cuire.

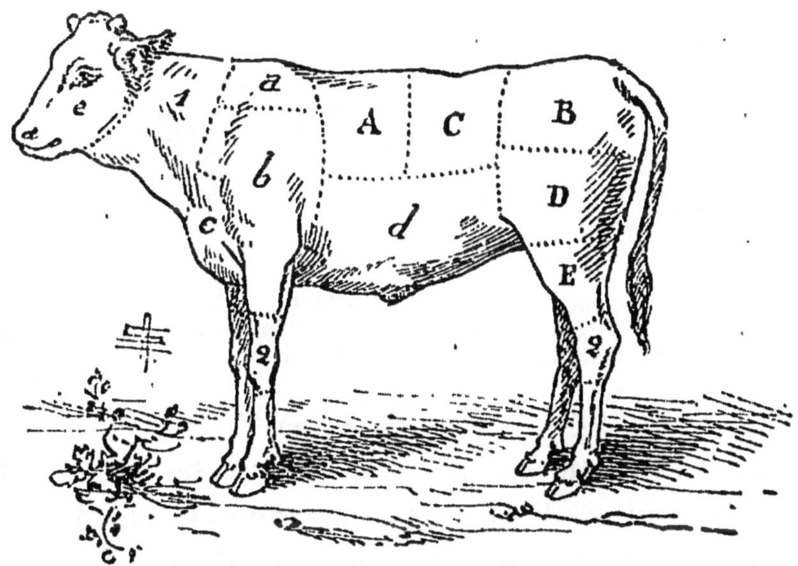

Les diverses qualités de la viande de veau.

1re qualité. — A. Carré. B. Cuissot. C. Longe et rognon. D. Rouelle. E. Talon de rouelle. — *2e qualité.* — a. Bas de carré. b. Épaule. c. Grosse poitrine. d. Poitrine. e. Tête. — *3e qualité.* — 1. Collet. 2. Crosse.

112. — Côtelettes grillées ou en papillote. — La bonne cuisinière met d'abord ses côtelettes sur le feu, puis, quand elles sont bien chaudes, elle étend dessus un peu de beurre et achève de les faire griller à feu doux. Les viandes grillées sont les plus fortifiantes.

113. — Rôti. — Pour faire un bon rôti, mettez un peu de beurre ou de graisse sur le morceau de viande à rôtir. Qu'il soit mis au four, à la broche ou à la casserole, le rôti demande d'abord un feu doux; ce n'est qu'au moment où

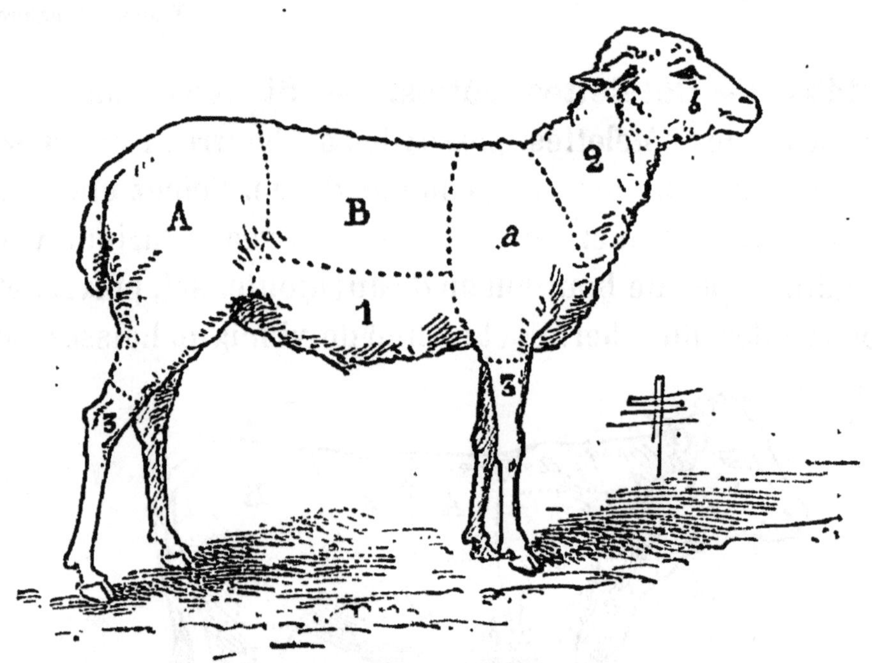

Viande de mouton.
1re qualité. — A. Gigot. B. Carré. — *2e qualité.* — a. Épaule. b. Tête. — *3e qualité.* — 1. Poitrine. 2. Collet. 3. Pattes.

la viande s'attendrit qu'il faut l'activer légèrement. Arrosez souvent; mettez un oignon, un peu de sel, de bouillon ou d'eau. Le temps de la cuisson dépend de la quantité de viande à rôtir; c'est l'expérience de la ménagère qui peut la guider le plus sûrement.

114. — Bifteck. — Coupez dans le filet de bœuf, ou toute autre partie maigre, des tranches de l'épaisseur d'un doigt; battez-les pour les attendrir. Faites rôtir dans le beurre pendant quelques minutes. — Si l'on veut de meilleur bifteck, on fait mariner les tranches pendant 24 heures.

Pour les malades, il est bon de faire un bifteck de viande rapée. On prend un morceau de bœuf sans graisse; après avoir rapé très fin et mis les tendons de côté, on forme le bifteck avec la main, et on le cuit dans le beurre des deux côtés pendant quelques minutes.

115. — Ragoût. — Pour avoir un bon ragoût, faites roussir dans le beurre une forte pincée de farine. Quand le roux est obtenu, jetez-y le veau (ou le mouton) coupé par petits morceaux carrés. Retournez-le de temps en temps pour lui faire prendre le roux. S'il y a trop de morceaux pour les faire roussir ensemble, faites l'opération en deux ou trois fois, puis mettez le tout dans le roux. Ajoutez pommes de terre, oignons, carottes, sel, quatre-épices, bouquet garni. Remuez de temps en temps et laissez pendant deux heures sur un feu doux.

Pomme de terre Marjolin.

Questionnaire.

111. — Comment se préparent les côtelettes rôties?
112. — Comment prépare-t-on les côtelettes grillées?
113. — Indiquez la préparation d'un bon rôti.
114. — Donnez deux ou trois moyens de faire le bifteck.
115. — Comment obtenir un bon ragoût?

Problème.

Un épicier achète du café vert à raison de 3f 60 le kilogr. Après torréfaction, le café a perdu 1/5 de son poids. Combien l'épicier devra-t-il vendre l'hectogramme pour gagner 12 0/0 sur le prix d'achat?

Rédaction.

Exprimez votre bonheur : vous venez de recevoir une pièce de 5 francs, premier fruit de votre travail. Vous vous empressez de la porter à votre mère, en lui promettant d'agir toujours ainsi. — Votre père ne sera plus seul à pourvoir aux besoins de la famille.

VINGT-TROISIÈME LEÇON

VOLAILLES

La bonne ménagère
n'est jamais oisive.

116. — Poulet rôti. — Après avoir plumé, flambé et vidé le poulet, la cuisinière met à l'intérieur un oignon taillé, du sel et du beurre. Elle le fait ensuite rôtir dans une casserole ou dans une rôtissoire, arrose souvent avec le jus pendant la cuisson. — On peut ajouter autour du poulet quelques bandes de lard.

117. — Poulet en ragoût. — Coupez le poulet en morceaux; faites-les roussir à la graisse ou au beurre, puis retirez-les pour faire roussir de la farine dans la graisse. Détrempez le roux avec un peu de bouillon et de vin blanc; ajoutez du cerfeuil, du laurier, du sel, du poivre; remettez les morceaux de poulet et faites cuire à feu doux. Si la sauce est trop claire, liez avec un jaune d'œuf battu.

118. — Poule au riz. — Faites cuire le riz dans l'eau. Quand il est cuit, remplacez l'eau par du bouillon, puis ajoutez du beurre, du sel, du poivre, du laurier et deux jaunes d'œufs.

En même temps, faites cuire la poule : le bouillon vous donnera un excellent potage. Puis placez la poule dans un plat ; entourez-la de riz et arrosez d'un peu de jus.

Ce procédé est très avantageux pour la préparation des vieilles poules trop dures pour être rôties. Ainsi préparées, elles sont excellentes, et de plus elles procurent un bouillon délicieux. Il est si bon que, pour exprimer son désir de voir tous ses sujets à l'aise et contents, Henri IV souhaitait que chaque famille de son royaume eût la *poule* au *pot* tous les dimanches.

119. — Canard aux navets. — Pour cette préparation faites un roux ; mettez-y des ronds de navets que vous retirerez quand ils auront pris une couleur brune. Faites ensuite roussir le canard dans le roux ; remettez-y les navets avec du sel, du poivre, un oignon et un bouquet garni. Laissez cuire à feu doux.

120. — Pigeon aux choux. — Faites d'abord un roux et mettez-y le pigeon. Quand il aura pris une belle couleur, mouillez avec un peu de bouillon ou d'eau ; laissez mijoter pendant un quart d'heure. Puis mettez les choux, blanchis à l'eau bouillante, et laissez cuire lentement. (On peut ajouter quelques oignons avec un bouquet garni.) Pour servir, mettez l'oiseau au milieu du plat et entourez-le des choux.

La perdrix se prépare de la même façon.

121. — Oie. Dindon. — L'oie et le dindon s'apprêtent comme le poulet; mais leur chair étant plus ferme, on les fait mortifier un peu avant de les cuire, surtout s'ils ne sont pas jeunes.

Les bouts d'ailes et le cou se desséchant trop, on ne les fait pas rôtir; la ménagère économe les met à part et en fait un bon ragoût.

Questionnaire.

116. — Comment fait-on rôtir le poulet?
117. — Indiquez la préparation du poulet en ragoût.
118. — Comment se prépare la poule au riz? — Quelle est la meilleure préparation pour les vieilles poules?
119. — Donnez la recette du canard aux navets.
120. — Comment se prépare le pigeon aux choux? — la perdrix?
121. — Comment prépare-t-on, en cuisine, l'oie et le dindon?

Problème.

Une jeune fille gagne 25f par mois. Avec la permission de sa mère, elle en dispose ainsi qu'il suit : 2/5 pour son entretien, 1/4 pour ses parents. Quelle somme lui reste-t-il à la fin de l'année?

Rédaction.

Thérèse et Louise sont sœurs : l'une est avare; l'autre dépense tout son argent en frivolités, en toilette, etc. Montrez que toutes les deux font mal.

VINGT-QUATRIÈME LEÇON

VIANDE DE PORC

Simplifier sa vie est une des meilleures recettes pour le bonheur.

122. — Le meilleur lard. A qui convient le lard. — La bonne viande de porc est rougeâtre et ferme ; la plus goûtée n'est pas très grasse, mais entrelardée, c'est-à-dire mélangée de gras et de maigre. — On reconnait le lard qui est ladre et malsain aux taches blanches dont il est parsemé.

Le porc salé est la base de l'alimentation des habitants de la campagne. Cette viande est d'une digestion assez difficile; elle convient aux estomacs solides, car elle satisfait l'appétit plus longtemps.

123. — Salage du porc. — La bonne ménagère prépare le charnier plusieurs jours à l'avance. Il doit être parfaitement aéré et séché. — Elle veillera à ce que les morceaux de lard ne soient pas trop gros, afin que le sel les pénètre mieux. Pour bien saler la viande, elle frotte énergiquement chaque morceau en tous sens avec du sel gris mélangé de salpêtre. Après avoir mis une forte couche de sel au fond du charnier, elle y dépose une couche de viande bien rangée, puis une couche de sel, et ainsi de suite jusqu'à ce que le charnier soit plein. Elle termine par une couche de sel qu'elle recouvre d'un linge mouillé. Il faut attendre trois semaines au moins avant d'entamer le charnier.

124. — Cuisson du lard. — Le lard bouilli avec des choux, des pommes de terre ou des fèves donne un repas nourrissant, très économique et facile à préparer. — On le met aussi dans le pot-au-feu avec le bœuf. Le lard frais, rôti, est excellent, surtout la côte et le filet. Il en est de même du lard fumé.

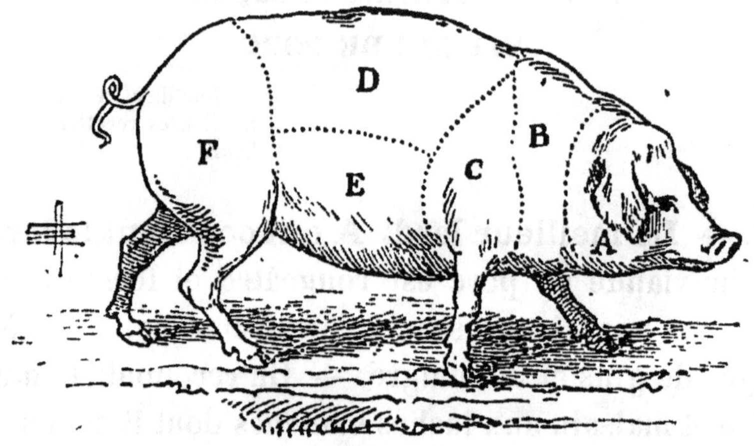

Viande de porc.
A. Tête. B. Collet. C. Épaule. D. Dos. E. Poitrine. F. Cuisse.

125. — Saucisse. — Pour faire de bonne saucisse, il faut hacher bien menu à peu près égale quantité de maigre et de gras ; on y ajoute du sel, du poivre et les quatre-épices selon le goût, et l'on pétrit bien le tout. On introduit ensuite ce hachis dans des boyaux au moyen d'un entonnoir.

126. — Boudin. — Le boudin est un mélange de sang, de lard, d'oignons, de pommes ou de poires, avec quelques fines herbes pour parfumer ; le lait doux (un ou deux verres) le rend plus goûté. Quand ce mélange est entonné, on lui fait subir une première cuisson à l'eau bouillante, jusqu'à ce que le sang soit devenu assez épais pour rendre les boudins fermes. Après refroidissement, on leur donne une seconde cuisson sur le gril ou au four. Les boudins ne se conservent pas ; vieux, ils sont indigestes et malsains.

127. — Andouille. — Pour faire les andouilles, on sale les intestins immédiatement après les avoir nettoyés, et on les laisse dans le sel au moins vingt-quatre heures. On jette la saumure, on sale de nouveau, et on attend huit à dix heures en hiver, un peu moins en été. Ensuite on les introduit les uns dans les autres en commençant par les plus petits. On en lie fortement les deux extrémités et on les met à enfumer dans une cheminée où ils peuvent rester plusieurs mois. L'andouille se conserve très bien.

Questionnaire.

122. — Quel est le meilleur lard ? — A qui convient cette nourriture ?
123. — Comment se fait le salage de la viande de porc ?
124. — Indiquez plusieurs manières de préparer le lard.
125. — Comment prépare-t-on la saucisse ?
126. — Donnez la préparation du boudin.
127. — Comment se font les andouilles ?

Problème.

Une ménagère a acheté 47f un jeune porc qu'elle a engraissé. Elle a dépensé pour le nourrir un quintal et demi de farines mélangées, à 26f les 1000 kilogr. et 3hl 1/4 de pommes de terre à 0f 80 le double-décal. Ce porc a donné 70 kg. de viande, et des issues évaluées à 10f. A combien revient le kilog. de viande et combien la ménagère a-t-elle économisé si le lard se vendait alors 0f 62 les 500 grammes ?

Rédaction.

Faites l'histoire d'un père de famille très pauvre, qui, pour cause de maladie, ne peut cultiver son champ. Les enfants sont jeunes ; la mère peut à peine leur donner du pain. Dites comment les voisins sont venus en aide à cette pauvre famille.

VINGT-CINQUIÈME LEÇON

POISSON

Ne remettez pas à demain ce que vous pouvez faire aujourd'hui.

128. — Poisson frais. — Le poisson se mange à l'état frais ou salé. Dans le premier cas, il doit être très frais et sans odeur. Le poisson frais a les ouïes d'un rouge vif, les yeux brillants, la chair ferme, les nageoires raides, les écailles brillantes et difficiles à enlever. Pour être bon, le poisson doit encore être bien cuit. Les petits poissons se mangent ordinairement frits, et les gros au court-bouillon.

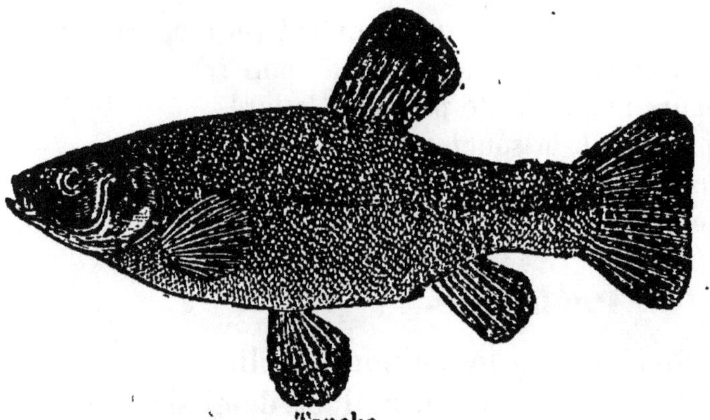

Tanche.

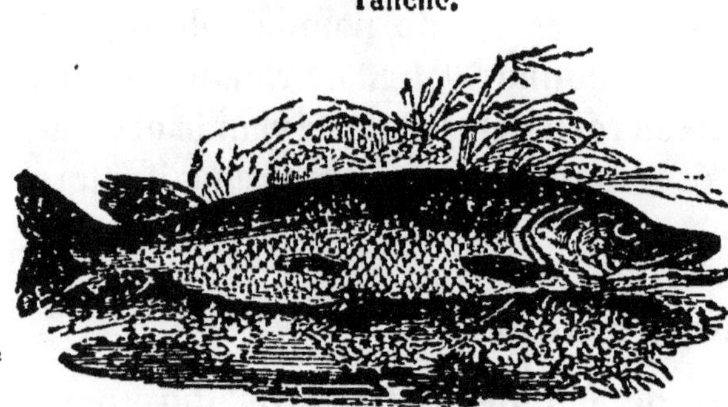

Brochet.

Carpe.

129. — Friture. — Pour faire une bonne friture, évitez de laisser brunir le beurre: il prendrait un goût âcre. Dès qu'il jaunit, mettez-y le poisson saupoudré de farine. Le feu doit être vif d'abord pour faire prendre à la friture une couleur dorée, puis on éloigne un peu du feu pour laisser cuire lentement.

La friture à l'huile se fait de la même manière. Elle est beaucoup plus économique et donne un aussi bon résultat. Après la friture, on verse dans un vase l'huile qui reste dans la poêle, afin de s'en servir pour de nouvelles fritures. Une petite pointe de beurre ajoutée à la friture à l'huile ou à la graisse en relève le goût.

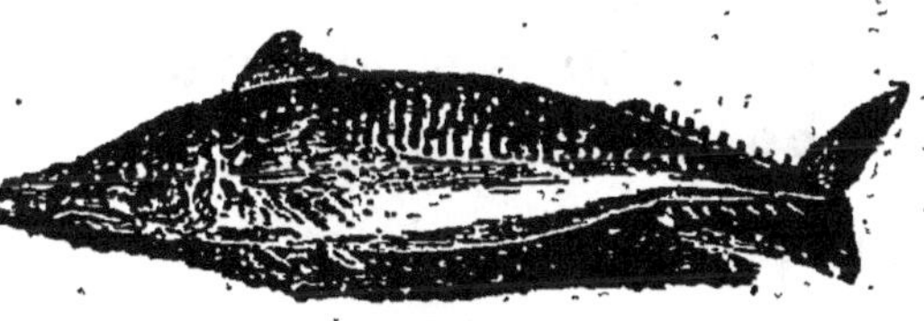

Maquereau.

130. — Court-bouillon. — Faites bouillir votre poisson dans l'eau, avec un oignon, un bouquet garni, un peu de vinaigre. Après un quart d'heure de cuisson, éloignez la bassine du feu, et laissez-y le poisson pendant une demi-heure. Servez-le ensuite, soit à la sauce blanche, soit à la mayonnaise, ou simplement à l'huile et au vinaigre.

131. — Poisson salé. — Les bons poissons salés ont, en général, une couleur blanchâtre. Les plus usités dans les ménages d'ouvriers sont la morue, le hareng et la sardine.

La sardine se mange grillée ou en friture à l'état frais, ou en conserves à l'huile ou au beurre. — La bonne morue a de grands feuillets, la peau noire et la chair blanche. C'est un poisson très nourrissant, mais qui serait échauffant, s'il n'était dessalé avec soin. On la fait tremper vingt-quatre heures au moins dans de l'eau qu'on change trois fois.

132. — Morue à la sauce blanche. — La morue dessalée est mise à l'eau froide dans une casserole. Quand elle a jeté un bouillon, on l'écume, on ôte la casserole du feu et on la couvre. Après un quart d'heure, on retire la morue pour la faire égoutter. Elle est ensuite mise en morceaux et servie avec une sauce blanche. On peut y ajouter des pommes de terre, que l'on a fait cuire séparément à l'eau salée et que l'on dispose autour de la morue avant de verser la sauce.

La morue, après cuisson, peut encore être simplement servie à l'huile et au vinaigre.

133. — Morue frite. — La morue peut être frite dans une poêle, à l'huile ou au beurre, comme le poisson frais; on y met ordinairement des oignons coupés.

134. — Morue mitonnée. — Prenez de la morue dessalée et cuite; pilez-en les morceaux dans un mortier en y ajoutant un peu d'huile et de lait, avec de l'ail et du poivre, puis servez quand elle est réduite en une bouillie épaisse.

135. — Hareng. — Le hareng se sert après avoir été simplement grillé; d'autres fois on y ajoute une sauce composée de beurre, de moutarde, de vinaigre, de sel, de poivre et de persil haché très fin.

Questionnaire.

128. — A quelles marques reconnait-on le poisson frais?
129. — Comment se fait une friture de poisson?
130. — Indiquez la préparation du poisson au court-bouillon.
131. — Quels sont les principaux poissons salés? — Indiquez les marques d'une bonne morue et la première préparation à lui faire subir.
132. — Donnez la recette de la morue à la sauce blanche.
133. — Comment peut-on frire la morue?
134. — Donnez la préparation de la morue mitonnée.
135. — Comment se mange le hareng?

Problème.

Un épicier achète de l'huile à 80f les 100kg. Il la revend 0f65 le demi-kilog. Combien gagne-t-il par kilog. et combien pour 100?

Rédaction.

Trois pêcheurs, pères de famille, sont partis gaiement lundi soir; mardi matin, on rapportait leurs cadavres. Racontez ce que vous savez de leur naufrage et dites la désolation de leurs familles.

VINGT-SIXIÈME LEÇON

LAIT. BEURRE. ŒUFS

Dans la vieillesse de vos parents,
souvenez-vous de votre enfance.

136. — Le lait est très nourrissant. — Le lait est un aliment complet. Il contient toutes les matières nutritives nécessaires à notre alimentation. L'expérience a prouvé que le lait de vache sans addition d'aucune autre nourriture suffit à entretenir indéfiniment la vie humaine. Les ménages qui peuvent se le procurer pur et à de bonnes conditions doivent donc en faire un usage aussi étendu que possible. Ses usages multiples permettent d'ailleurs de le faire entrer dans un grand nombre de préparations.

137. — Lait pur. Lait mélangé d'eau. — Le bon lait est blanc ou jaunâtre. Une goutte versée sur l'ongle ne s'étend pas, mais conserve sa forme sphérique. Le lait mélangé d'eau est clair et bleuâtre.

138. — Lait de beurre. Lait écrémé. — Le lait de beurre et le lait écrémé sont sains et nourrissants; ils contiennent les mêmes principes alimentaires que le fromage, c'est-à-dire l'azote et le sucre de lait. Pris en boisson, ils sont très rafraichissants; les potages, dont ils forment la

Écrémeuse centrifuge Mélotte (Texier).

base, sont bons pour les malades et pour les bien portants. — Les marchands ne doivent pas oublier que la probité leur défend de vendre du lait écrémé pour du lait naturel.

139. — Qualités du beurre. — Le bon beurre est gras et malléable, propre, d'une couleur uniforme, agréable à l'odeur et au goût. Il fait partie essentielle de toute bonne

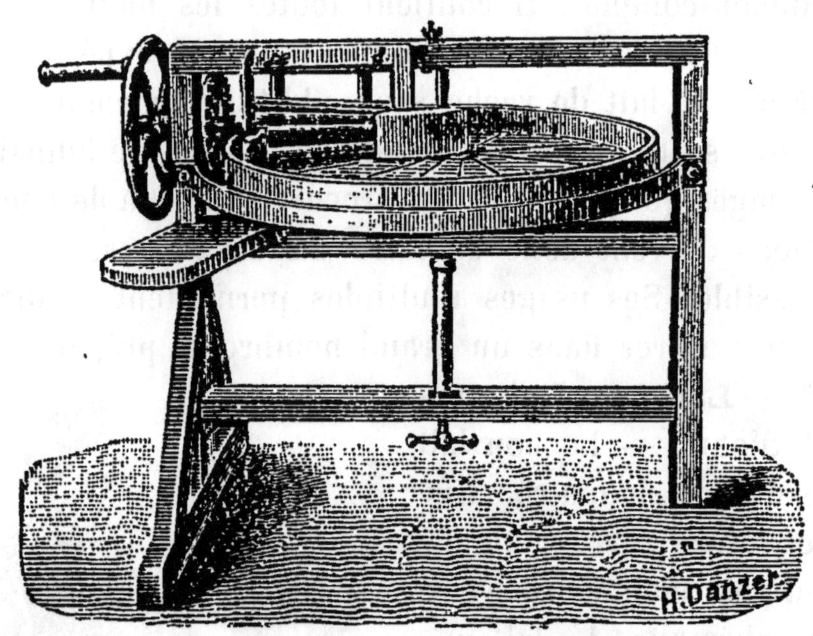

Malaxeur à beurre (Texier).

alimentation ; il rend le pain plus nourrissant et plus digestible. Quand il coûte cher, la ménagère économe le remplace, pour les préparations culinaires, par la graisse et par l'huile.

140. — Œufs frais. — Exposés à la lumière d'une lampe, les œufs frais sont transparents. Si les œufs apparaissent piqués ou tachés, ils ne valent rien. On dit encore qu'ils sont frais quand, placés dans de l'eau additionnée de 1/8 de son poids de sel (125 grammes de sel pour un litre d'eau), ils descendent au fond du vase ; ils sont mauvais quand ils surnagent ou restent entre deux eaux (1). — La valeur nutritive des œufs est supérieure à celle du lait. Les œufs se cuisent à la coque ou en omelette.

141. — Œufs à la coque. — Mettez les œufs à l'eau bouillante et retirez-les après trois minutes d'ébullition; ou bien, après les avoir mis à l'eau bouillante, couvrez le vase et ôtez-le du feu; cinq minutes après, retirez-en les œufs.

Si vous voulez réduire le blanc en crème, faites-les tourner sur une table en les sortant de l'eau.

Si vous voulez des œufs durs, pour salade ou pour sauce blanche, laissez-les bouillir plus longtemps, et, pour qu'ils se décoquillent mieux, trempez-les dans l'eau froide en les retirant du feu.

142. — Omelette. — Cassez les œufs dans un plat et battez-les bien avec une fourchette. Versez-les dans la poêle quand le beurre est roux; soutenez la poêle un peu au-dessus du feu, pour qu'elle ne reçoive pas trop de chaleur. Quand l'omelette est cuite d'un côté, tournez-la pour la faire cuire de l'autre, jusqu'à ce qu'elle ait pris une belle couleur.

On peut faire des omelettes aux oignons, aux épinards, à l'oseille, aux fines herbes, aux pommes, au lard, etc.

Questionnaire.

136. — Le lait est-il bien nourrissant?
137. — Comment reconnait-on le lait pur?
138. — Quelles sont les qualités du lait de beurre et du lait écrémé?
139. — Quelles sont les qualités du bon beurre?
140. — Comment reconnaître les œufs frais?
141. — Donnez la préparation des œufs à la coque.
142. — Quelle est la manière de faire l'omelette?

(1) En mettant 100 grammes de sel dans un litre d'eau, les œufs *très frais* descendent seuls au fond.

Problème.

Une veuve achète pour 15 600f une terre qu'elle loue 580f, et pour laquelle elle paye 58f de contributions. Quel est le taux de son placement?

Rédaction.

Faites connaître à une de vos amies, écolière comme vous, ce que vous avez trouvé de plus intéressant dans une leçon sur le lait, le beurre et les œufs.

VINGT-SEPTIÈME LEÇON

LÉGUMES

Femme économe est un trésor.

143. — Utilité des légumes. — Les légumes, en général, sont très sains, rafraîchissants, de facile digestion

Haricot noir hâtif de Belgique.

Haricots de Soissons à rames.

et très assimilables. L'homme pourrait vivre avec un régime exclusivement végétal; cependant, il est préférable qu'il associe la viande aux légumes. Parmi ceux-ci, les haricots, les pois, les fèves, les lentilles, contenant à la fois des principes azotés et féculents, sont aussi nutritifs que la viande et ont sur elle l'avantage de coûter beaucoup moins. Leur coque les rend un peu indigestes, et ils ont besoin d'être abondamment insalivés. Réduits en purée, ils sont digestibles et très nourrissants.

144. — Cuisson des légumes secs. — On fait tremper les légumes secs dans l'eau froide dès la veille. On les met également à l'*eau froide* pour les faire cuire sur un feu doux. L'ébullition une fois commençée ne doit pas cesser avant qu'ils soient entièrement cuits. Si l'eau diminuait trop par l'évaporation, on ne devrait y ajouter que de l'eau bouillante; l'eau froide, en arrêtant l'ébullition, ne permettrait pas aux légumes de cuire. — On fait de bonne soupe avec l'eau qui a servi à cuire les légumes secs.

Malgré leur immersion prolongée dans l'eau, les haricots trop vieux ne cuisent pas bien. Il faut alors ajouter à l'eau dans laquelle on les met à tremper un petit sachet contenant des cendres de bois, ou même les mettre à cuire avec ce sachet.

145. — Légumes secs à la sauce blanche. — Quand les légumes secs sont cuits, on les jette dans une sauce blanche pour les y laisser mijoter de quinze à vingt minutes. On peut également les mettre au roux ou en salade.

146. — Haricots et pois verts. Fèves. — On commence par ôter les filandres des haricots. Pour les faire cuire, on les jette dans l'eau bouillante avec un peu de sel. Après cuisson, on les fait égoutter avant de les frire au beurre avec des oignons.

On peut aussi les mettre au roux avec des oignons cuits dans le roux; on mouille avec du bouillon, et l'on assaisonne.

Les pois verts égrenés et les fèves peuvent se préparer de la même manière. Les fèves bouillies avec du lard donnent un excellent repas qui n'est pas coûteux.

147. — Pois verts à la bourgeoise. — Mettez du beurre dans une casserole, puis les petits pois, un bouquet garni, des oignons, quelques feuilles de laitue hachées, du sel, du poivre, le tout mouillé d'un peu de bouillon. Faites cuire à feu doux pendant une heure. Si la sauce est trop claire, liez-la avec un œuf battu avant de servir.

148. — Choux. Choux-fleurs. Artichauts. — Ces légumes se servent à la sauce blanche ou rousse après avoir été bouillis.

Chou de Milan gros des Vertus.

149. — Choux bourgeois. — Les choux étant cuits et égouttés, mettez-les dans une casserole avec du beurre, du sel, du poivre et quelques cuillerées de crème ou de lait. Faites mijoter ainsi pendant une demi-heure.

Navet de Milan rouge plat très hâtif.

150. — Carottes. Navets. Salsifis. Panais. — Après les avoir bien pelés, jetez-les dans l'eau bouillante pour les faire cuire; ensuite mettez-les dans du beurre roux; saupoudrez de farine; tournez-les pour qu'ils prennent le roux de tous côtés. Salez, poivrez, mouillez avec du bouillon. Laissez mijoter pendant quelques minutes, puis servez. — On peut aussi les mettre dans une sauce blanche.

Questionnaire.

143. — Montrez l'utilité des légumes pour la santé.
144. — Comment fait-on cuire les légumes secs?
145. — Comment prépare-t-on les légumes secs à la sauce blanche?
146. — Donnez la préparation des haricots verts, des pois, des fèves.
147. — Comment arranger les pois verts à la bourgeoise?
148. — Comment se servent les choux-fleurs, les artichauts?
149. — Indiquez la préparation des choux bourgeois.
150. — Comment se mangent les carottes, navets, salsifis, panais?

Problème.

Un père de famille gagne 3f 75 par jour; la mère, 1f 75; deux enfants, chacun 1f 50. Quelle somme pourront-ils économiser en une année, s'ils travaillent 25 jours par mois et dépensent chacun, en moyenne, 35f par mois.

Rédaction.

On vous prie d'être marraine d'une petite fille. En faisant part de votre bonheur à celle qui vous le procure, dites-lui que vous comprenez la responsabilité que vous acceptez, et que vous serez la seconde mère de votre filleule par votre affection et par l'intérêt que vous lui porterez.

VINGT-HUITIÈME LEÇON

CONSERVES D'ALIMENTS

> Avant de consulter la fantaisie, consulte la bourse.

151. — Les conserves. — Les conserves sont des aliments auxquels on a fait subir une certaine préparation pour les empêcher de s'altérer.

Sous l'influence de certains germes appelés ferments ou microbes, les aliments frais s'altèrent bientôt. La préparation des conserves a pour objet de détruire le principe fermentescible par la cuisson, ou par l'emploi du sel, du vinaigre et de l'alcool.

152. — Conservation de la viande et du poisson. Pour conserver frais, en été, pendant quelques jours, la viande et le poisson, on les entoure de glace ou de poussière de charbon de bois. La viande se conserve aussi dans le sel. Les conserves de viande et de poisson s'achètent chez les épiciers.

153. — Conservation des œufs. — On conserve les œufs en empêchant l'air de pénétrer à l'intérieur. On y parvient en enduisant les œufs d'une couche de paraffine (sorte de cire), ou en les plongeant dans un lait de chaux. Les pores de la coquille se trouvent ainsi obstrués.

Le premier moyen est le meilleur et permet de conserver les œufs plus de huit mois. Voici la manière de le pratiquer. On fait fondre la paraffine au bain-marie; on y plonge *un instant* les œufs et on les expose ensuite à l'air. En se refroidissant, la paraffine forme un vernis impénétrable à l'air. Une fois secs, on pose les œufs dans une boîte par couches alternatives de paillettes d'orge et d'œufs. On tient la boîte dans un lieu sec et sombre.

154. — Conservation du beurre. — Le beurre étant parfaitement lavé, pétrissez-le avec du sel dans la proportion d'un kilogramme de sel sur cinq de beurre, puis tassez-le, le plus serré possible, dans des pots de grès. Veillez à ce que votre beurre soit toujours recouvert de saumure, ou simplement d'eau fraîche. Ou bien encore, renversez le pot dans un plat rempli d'eau salée.

Un autre procédé consiste à faire fondre le beurre au bain-marie et à en enlever l'écume.

Bain-marie.

155. — Conservation des haricots. — Pour conserver les haricots, faites-les cuire après avoir ôté les filandres, et mettez-les dans des flacons privés d'air. — Ce procédé s'emploie pour tous les légumes.

Pour conserver les haricots par le sel (c'est le procédé le plus simple), ôtez les filandres; mettez dans un vase de terre ou dans un baril une couche de sel puis une couche de haricots. Achevez de remplir le vase par couches alternatives de sel et de haricots. Posez dessus une brique propre pour que tout reste dans la saumure. Avant de faire cuire ce légume, faites-le dessaler dans l'eau fraîche pendant plusieurs heures; il est bon de changer l'eau une ou deux fois.

156. — Conservation des cornichons. — Pour conserver les cornichons, on les pique d'abord avec une épingle pour les faire jeter de l'eau; ensuite on les sale. Le lendemain, après les avoir essuyés, on les met dans un flacon plein de vinaigre que l'on bouche hermétiquement.

157. — Conservation de l'oseille. — On fait cuire l'oseille dans un chaudron; on la remue avec un bâton ou une cuiller en bois; on y ajoute du sel. L'oseille est cuite lorsqu'elle ne renferme plus d'eau; c'est le moment de la mettre dans des pots. Quand elle est refroidie, on la couvre d'une couche de beurre fondu, puis on bouche les pots pour les mettre dans un endroit sec.

Questionnaire.

151. — Qu'est-ce que les conserves? — Quel est leur objet?
152. — Donnez les procédés de conservation de la viande et du poisson.
153. — Comment peut-on conserver les œufs?
154. — Donnez deux moyens de conserver le beurre.
155. — Comment conserve-t-on les haricots?
156. — Comment faire les conserves de cornichons?
157. — Indiquez le procédé de conservation de l'oseille.

Problème.

Une mère de famille achète 64^{kg} de sucre à 132^{f} les 100^{kg} et 45^{kg} 1/2 de savon à 67^{f} les 50^{kg}. Sa facture, qu'elle paye comptant, n'est que de 145^{f}. Quelle remise lui a-t-on faite?

Rédaction.

Faites le portrait d'une jeune fille de douze ans que l'on pourrait donner comme un modèle accompli aux enfants de son âge.

VINGT-NEUVIÈME LEÇON

CONSERVES DE FRUITS

La femme fait la maison.

158. — Fruits séchés. — On peut conserver les fruits charnus en les faisant sécher au soleil ou au four.

Les abricots, les prunes, les cerises, etc., se conservent très bien dans l'eau-de-vie. On les cueille avant leur parfaite maturité, et après leur avoir coupé la moitié de la queue, on les met dans un bocal avec de l'eau-de-vie à laquelle on ajoute 180 grammes de sucre par litre. Quelques ménagères font tremper les prunes dans l'eau pendant une huitaine de jours avant de les mettre dans le sirop.

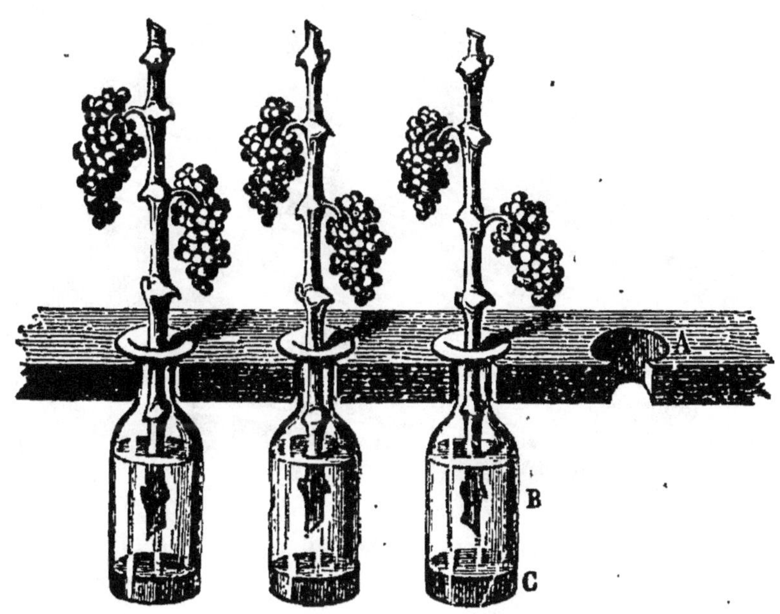

Conservation des raisins.

A, *étagère munie d'échancrures;* B, *eau;* C, *charbon de bois en poudre destiné à empêcher la corruption de l'eau.*

159. — Confitures. — Les confitures sont des fruits cuits dans de l'eau fortement sucrée. On peut généralement les conserver d'une année à l'autre. Elles comprennent les gelées, les marmelades et les compotes. Les marmelades et les compotes sont des préparations économiques, malgré le sucre qu'elles exigent, car elles remplacent agréablement le beurre et permettent d'utiliser les fruits piqués ou tombés avant la maturité.

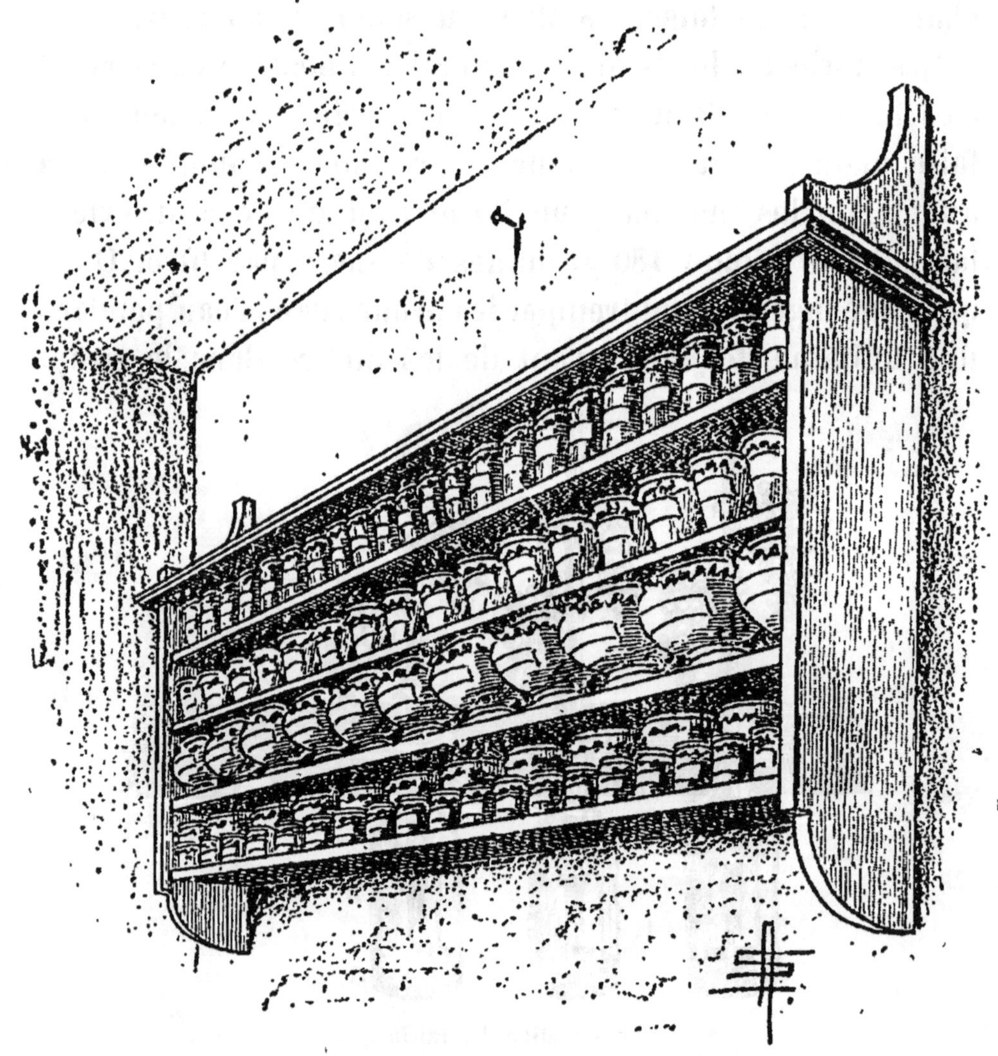

Etagère garnie de pots de confitures.

160. — Gelées. — La gelée est du jus de fruit extrait par pression, cuit avec du sucre et congelé par le refroidissement naturel. Les gelées les plus communes sont celles de groseilles et de coings; on en fait aussi avec des fraises, des cerises, des pommes, etc.

Choisissez des groseilles très mûres, égrappez-les et ajoutez-y un peu de framboises pour aromatiser, puis pressez-les dans un linge de toile forte pour en extraire le jus. Pesez celui-ci et versez-le dans une bassine; ajoutez un verre d'eau et autant de kilogrammes de sucre que vous avez de kilogrammes de jus. Faites cuire. — La cuisson est parfaite quand une goutte de gelée déposée sur une assiette se congèle en refroidissant. — Versez alors dans des pots. Couvrez la confiture d'un rond de papier imbibé d'eau-de-vie. Fermez avec un autre papier assujetti avec un fil, et mettez les pots dans un lieu bien sec.

161. — Marmelades. — Les marmelades ne sont pas, comme les gelées, amenées au point de cuisson nécessaire pour se conserver; ordinairement elles se mangent fraîches préparées. On en fait de toutes sortes de fruits. Les meilleures sont celles d'abricot, de reine-claude et de pomme.

Pour les préparer, mettez dans une bassine les fruits dont vous avez enlevé la peau, les noyaux ou les pépins; ajoutez un verre d'eau et un kilogramme de sucre pour deux kilogrammes de fruits. Faites cuire à feu doux pendant une heure et demie en remuant de temps en temps.

162. — Compotes. — La compote diffère de la marmelade en ce que les fruits, au lieu d'être réduits en bouillie, sont simplement coupés en deux ou quatre morceaux, suivant leur grosseur. Les fruits sont épluchés de la même manière, mais la cuisson est poussée moins loin. Si la compote doit être consommée le jour même, on peut n'y mettre que très peu de sucre ou même pas du tout pour les fruits doux. C'est un excellent plat de dessert, d'une préparation rapide et facile. Les compotes les plus usuelles sont celles de poires et de pommes.

163. — Raisiné. Cerisé. — Le raisiné est une espèce de marmelade faite avec du raisin bien mûr et des poires. On remplace l'eau par du vin ou du cidre doux, et l'on fait bouillir doucement jusqu'à réduction d'un tiers.

Dans les campagnes où les cerisiers sauvages sont nombreux, on fait aussi une espèce de marmelade avec des cerises.

Questionnaire.

158. — Comment prépare-t-on les fruits séchés? — les fruits à l'eau-de-vie?
159. — Qu'est-ce que les confitures? — Indiquez les principales et leurs avantages.
160. — Qu'est-ce que la gelée de fruits? — Comment la préparer?
161. — Comment se font les marmelades? — Quelles sont les meilleures?
162. — Dites ce que vous savez sur les compotes.
163. — Comment faire les conserves de raisins et de cerises?

Problème.

Une ménagère a préparé 104^{kg} de confitures. Elle a employé 85^{kg} 1/2 de sucre à 1^{f}30 le kilog. et 95^{kg} 1/10 de groseille à 0^{f}15 le demi-kilog. Le feu et le temps sont comptés pour 4^{f}50. A combien revient le kilog. de confitures?

Rédaction.

Le croup vient de faire plusieurs victimes, parmi lesquelles votre petite sœur Anne, âgée de deux ans. Parlez des angoisses de votre mère pendant la maladie, puis de la mort de ce petit ange que vous pleurez tous.

TRENTIÈME LEÇON

BOISSONS

La sobriété et le travail sont
les deux vrais médecins de l'homme.

164. — Nécessité des boissons. — Les boissons ne sont pas moins nécessaires que les aliments solides. Ceux-ci, en effet, pour être digérés, doivent trouver dans l'organisme des dissolvants en quantité suffisante. Elles sont encore nécessaires pour réparer les pertes occasionnées par la transpiration et la respiration. Mais il ne faut pas en abuser, afin de ne pas affaiblir les sucs digestifs en les noyant dans un flux de liquide.

165. — Boissons hygiéniques. — *1° Eau.* — La plus naturelle et la meilleure des boissons est l'eau. C'est celle qui apaise le mieux la soif et stimule le plus la digestion : les buveurs d'eau sont en général de grands mangeurs. L'eau doit être pure. Il faut absolument s'abstenir de l'eau contaminée par le voisinage des fumiers, des mares, des fosses d'aisances, des résidus industriels : c'est par les eaux impures que se propagent la fièvre typhoïde, le choléra, la dysenterie, etc.

Une bonne eau dissout aisément le savon, cuit bien les légumes ; elle est aérée, limpide, fraîche et sans odeur. La meilleure est celle de source ou de rivière. — On peut améliorer les eaux impures par la filtration et surtout par l'ébullition. Avant d'utiliser l'eau bouillie, on l'agitera pour l'aérer.

2° Cidre. — Le cidre est obtenu par la fermentation du jus de pomme. C'est une boisson alcoolique, saine et rafraîchissante. 250 à 300 kilogrammes de pommes donnent une barrique de cidre de ménage.

3° *Bière.* — La bière est une boisson alcoolique préparée avec de l'orge et aromatisée avec du houblon. Elle est nutritive et rafraîchissante; mais prise avec excès, elle débilite l'estomac et prédispose à la congestion cérébrale.

Pressoir cylindrique.

4° *Vin.* — Le vin est obtenu par la fermentation du jus de raisin. Le bon vin doit être clair et limpide. De toutes les boissons fermentées, le vin rouge est le plus tonique, surtout quand il est vieux et *naturel.* Les vins *falsifiés* sont malheureusement très répandus et pour la plupart nuisibles à la santé. Le vin pur ne convient ni aux enfants ni aux femmes.

166. — Boissons économiques. — Pour remplacer le cidre et le vin, dans les années où ils font défaut, il est facile de fabriquer diverses boissons d'un prix inférieur à dix centimes le litre. Ces boissons ne pouvant ordinairement se conserver bonnes plus d'un mois, on devra s'approvisionner de fruits que l'on fera sécher soi-même, pour les employer ensuite au fur et à mesure des besoins. Voici trois recettes de *piquette de fruits cultivés :*

1° Mettez dans un tonneau 15 kilogrammes de bon raisin sec de Corinthe par hectolitre d'eau à la température de 15°. Laissez fermenter. Après quinze jours, soutirez et mettez en bouteilles. — Pendant la fermentation, maintenez la température de 15°, en chauffant l'appartement, si besoin est.

2° Par hectolitre d'eau, employez trois kilogrammes de raisins secs, quatre kilogrammes de pommes séchées, deux kilogrammes de cassonade, deux cents grammes de houblon ou de genièvre. Agitez et laissez fermenter. Au bout de huit jours, mettez en bouteilles : vous aurez une boisson hygiénique qui moussera comme du champagne.

3° Par hectolitre d'eau, mettez 12 à 15 kilogrammes des fruits séchés suivants : pommes, poires, prunes, cerises, pêches, soit seuls, soit mélangés. Dans ce dernier cas, la boisson sera de meilleure qualité. Laissez fermenter. — Si vous employez des fruits frais, mettez-en de 20 à 25 kilogrammes.

167. — Piquette de fruits sauvages. — Certains fruits sauvages peuvent être séchés au soleil ou au four, au moment de la récolte, pour servir ensuite à préparer des boissons très agréables, qui gagneront en qualité si l'on a soin de mélanger plusieurs sortes de fruits. De ce nombre sont les fruits du sorbier, du néflier, du mûrier, de l'arbousier, de l'aubépine, du prunellier sauvage, du figuier, du cornouiller, etc., du genévrier surtout, dont l'usage est très salutaire et donne de la tonicité à la boisson.

On emploie par hectolitre d'eau 12 à 15 kilogrammes de fruits séchés, et on laisse fermenter. On améliore la boisson en ajoutant un demi-kilogramme de cassonade et une pincée de fleurs de sureau. Si l'on met en bouteilles, on obtient une boisson mousseuse.

Questionnaire.

164. — Montrez la nécessité des boissons.

165. — Que savez-vous sur l'eau, le cidre, la bière, le vin considérés comme boissons hygiéniques?

166. — Comment peut-on remplacer le cidre et le vin? — Indiquez trois recettes pour boissons économiques.
167. — Comment se fait la piquette de fruits sauvages?

Problème.

Une jeune fille a placé 185f à la caisse d'épargne. Six mois après, sa mère, victime d'un accident, est à bout de ressources. Marie retire aussitôt son petit trésor, don généreux de sa marraine, et le remet à sa mère. Combien lui donne-t-elle, capital et intérêts à 3f 75 0/0 compris?

Rédaction.

Quels sont les devoirs des enfants envers leurs parents? Comment agit une petite fille qui les observe parfaitement?

CINQUIÈME PARTIE

DE L'HYGIÈNE

TRENTE ET UNIÈME LEÇON

HYGIÈNE DU LOGEMENT ET DE LA NOURRITURE

Gaieté, doux exercice et modeste repas;
Voilà trois médecins qui ne se trompent pas.

168. — Importance de l'hygiène. — L'hygiène est la science qui enseigne les moyens de conserver et d'améliorer la santé. — La santé rend le travail facile et léger; c'est la richesse du travailleur. S'il la perd, il perd les moyens de vivre. Un bon ouvrier se garde bien de négliger le soin de ses outils; à plus forte raison, faut-il que nous donnions à nos organes et à nos membres les soins hygiéniques qui peuvent les conserver en bon état.

169. — Aération de l'habitation. — Il est nécessaire de respirer un air sain et renouvelé modérément. Nous vivons d'air autant que d'aliments; selon qu'il est pur ou vicié, il produit la bonne ou la mauvaise santé. Il importe donc d'aérer souvent les appartements, de bannir de la chambre à coucher tout ce qui répand de l'odeur : fruits, fleurs, plantes aromatiques, médicaments, vêtements mouillés, linge sale, etc.

170. — Désinfection du logement. — Quand une personne est atteinte d'une maladie contagieuse, ses déjections sont enlevées sans retard et désinfectées à l'eau de chlorure de zinc à 1 0/0 (dix grammes de chlorure par litre d'eau). Après la maladie, on désinfecte la literie et la chambre à l'acide sulfureux (V. 14e Leçon, n° 71). — Si le local seul était à purifier, on emploierait avantageusement des pulvérisations au sublimé corrosif à 1 p. 1000 (un gramme de sublimé pour un litre d'eau).

On trouve dans le commerce des pulvérisateurs à vapeur du prix de 10 à 15 francs. Un petit appareil avec soufflerie en caoutchouc vaut de 2 à 3 francs.

171. — Régime alimentaire. — La maîtresse de maison a une grande responsabilité en ce qui concerne la nourriture. Elle ne doit pas seulement avoir égard aux revenus de la famille, mais au genre de travail de ses convives : l'ouvrier occupé à des travaux pénibles a besoin d'une tout autre nourriture que l'ouvrier sédentaire. Elle doit connaître les aliments qui contiennent le plus de matières nutritives et les employer à propos. Mais bonne nourriture n'est pas bonne chère; l'abus de cette dernière ruine la santé et dégrade l'intelligence.

172. — Régularité et sobriété dans les repas. — La régularité dans les repas et la sobriété entretiennent la santé et les forces. Trois repas par jour espacés de quatre heures environ suffisent ordinairement. Les enfants, les jeunes gens, et ceux qui se livrent à des travaux fatigants, ont besoin d'un quatrième repas, celui de quatre heures, qui consiste d'habitude en un morceau de pain. Le repas du soir sera léger pour les personnes sédentaires et les estomacs délicats.

La quantité d'aliments nécessaire à chaque individu est

réglée par l'appétit. Mieux vaut se lever de table un peu avant de l'avoir entièrement satisfait. Ce que l'on consomme au delà du besoin fatigue l'estomac et nuit à la santé. Il est aussi très mauvais de manger trop vite.

173. — Boisson. — Il ne faut jamais boire d'eau fraîche, ni de vin pur, même chaud, quand on est en sueur : on s'exposerait à une grave maladie, sinon à la mort. Il faut alors mêler à l'eau du sucre, du thé ou du café et ne boire que lentement et à petites gorgées.

Rien n'est plus pernicieux que l'habitude de prendre du vin entre les repas et sans accompagnement de nourriture. Même aux repas, le vin pur doit être pris en petite quantité.

Avant de s'être adonnée à la boisson.

La même, après abus des liqueurs.

Elle n'est plus reconnaissable; elle a perdu les grâces de son sexe. Elle traîne l'existence la plus misérable : le travail lui est impossible; l'appétit, le sommeil, le repos lui sont inconnus.

L'illustre savant Chevreul, mort à 103 ans, disait à l'occasion des fêtes de son centenaire : « Je n'ai jamais bu une goutte de vin pur. » Il a conservé jusqu'à la fin la plénitude de ses facultés intellectuelles et une grande facilité de travail.

Les liqueurs, même celles qui sont préparées avec des alcools de bonne qualité, exercent une influence désastreuse sur toute l'économie : il faut en user très modérément. Prises avec excès, elles engendrent, de même que l'abus du vin, l'*alcoolisme*, mal terrible qui se manifeste sous les formes les plus funestes : gastrite, hydropisie, apoplexie, épilepsie, congestion cérébrale, perte de la mémoire, stupidité, etc., souvent la folie et toujours une vieillesse précoce et misérable.

174. — Evitez les excès. — Quiconque s'adonne à la boisson met en jeu sa santé, sa raison, son honneur, sa fortune, son salut. Mais quand c'est la maîtresse de maison qui s'y livre, la ruine de sa famille est certaine : elle devient indifférente à tout; elle néglige l'éducation de ses enfants et croupit elle-même dans l'abjection la plus dégradante.

Questionnaire.

168. — Montrez l'importance de l'hygiène.
169. — Quelle est l'influence de l'air sur la santé?
170. — En cas de maladie contagieuse, comment assurer la salubrité du logement?
171. — Que doit observer la ménagère au sujet du régime alimentaire de sa maison?
172. — Faites voir l'importance de la régularité et de la sobriété dans les repas.
173. — Quelles précautions prendre à l'égard des boissons?
174. — Quel est l'effet des excès de boissons sur la maîtresse de maison?

Problème.

Une classe, qui a 9^{m} 78 de long sur 5^{m} 36 de large, reçoit 50 élèves. La hauteur est de 3^{m}. De combien faut-il élever le plafond pour que les élèves et la maîtresse aient chacune 4^{m3} d'air à respirer?

Rédaction.

Dans la leçon *Hygiène du logement et de la nourriture*, deux numéros ont pour titre : *Régime alimentaire; Régularité et sobriété dans les repas*. Résumez ces numéros.

TRENTE-DEUXIÈME LEÇON

HYGIÈNE DES VÊTEMENTS

Elle ne craint pas l'hiver pour sa maison, parce que tous ses serviteurs ont deux vêtements.

(Prov. XXXI.)

175. — Choix des tissus. — Il n'est pas indifférent pour la santé de se servir d'un tissu plutôt que d'un autre. Les tissus de lin et de chanvre sont les plus frais. Imprégnés de sueur, ils causent un froid désagréable et souvent nuisible. Ceux de laine et de coton ne se laissent pas si facilement pénétrer par la chaleur ni par l'humidité; ils facilitent la transpiration et s'imbibent de sueur sans produire une forte impression de froid. On doit donc les préférer aux tissus de lin et de chanvre.

176. — Linge de corps. — Les chemises de coton sont préférables pour ceux qui transpirent facilement ou qui sont sujets aux douleurs rhumatismales ou névralgiques. — Les jeunes gens feront bien de ne pas s'habituer à porter le gilet de flanelle; il convient aux vieillards, aux phtisiques, aux personnes sujettes aux rhumatismes et aux névralgies.

177. — Les bons vêtements. — Les vêtements doivent être, autant que possible, appropriés aux saisons et aux climats, être suffisamment larges pour maintenir le corps sans le comprimer, ni gêner le jeu des poumons et la circulation du sang. Il est donc très mauvais de se serrer la taille. La cravate, les jarretières, le col de la chemise, les manches au poignet, ne doivent serrer que légèrement.

178. — Couleur des vêtements. — Les vêtements noirs sont plus chauds en été que les blancs, et plus froids en hiver. Sous ce rapport, les vêtements blancs seraient donc préférables en toute saison; mais ils sont fort salissants.

179. — Chaussures. — Les bas de laine sont plus salutaires à la santé que ceux de fil ou de coton; ils conviennent aux faibles; ils sont nécessaires à ceux qui transpirent beaucoup des pieds et à ceux qui sont obligés de séjourner sur un sol humide. — Les sabots et les galoches sont la meilleure chaussure d'hiver. Les personnes qui transpirent beaucoup feront bien de remplacer les chaussons par des semelles de paille, qu'elles pourront changer à volonté. Les chaussures étroites, les talons hauts sont condamnés par l'hygiène.

180. — Précautions contre les refroidissements. Le passage subit du froid au chaud et *vice versa* est funeste à la santé. Il faut donc, quand on est en sueur, éviter les brusques refroidissements. Quand on a chaud, on doit s'abstenir rigoureusement de boire froid, de rester dans un lieu frais, de s'étendre sur un sol humide, même au soleil.

En automne, il ne faut pas attendre l'arrière-saison pour se vêtir chaudement, et au printemps on ne doit pas se dépouiller trop tôt. Le printemps et l'automne sont les deux saisons qui engendrent le plus d'indispositions.

Questionnaire.

175. — Quels sont les meilleurs tissus pour les vêtements? — Pourquoi?
176. — A qui conviennent la chemise de coton et le gilet de flanelle?

177\. — Quelles sont les conditions d'un bon vêtement?
178\. — La couleur des vêtements influe-t-elle sur la chaleur du corps?
179\. — Quels bas sont préférables? — Quelle est la meilleure chaussure d'hiver?
180\. — Quelles précautions prendre contre les refroidissements? — Pourquoi?

Problème.

Un tuteur loue 1 300f la terre de sa pupille et paye 146f 25 pour les contributions. En supposant que la propriété rapporte 3 0/0, quelle en est la valeur?

Rédaction.

Lucienne est allée, contre l'avis de sa mère, faire une longue promenade avec quelques compagnes. — Fatiguée et en sueur, elle s'est reposée à l'ombre de grands arbres; elle y a pris froid. Aujourd'hui elle est gravement malade d'une fluxion de poitrine. La mère se désole. La petite regrette sa désobéissance et en demande pardon à sa mère. — Racontez le fait à une des amies de Lucienne.

TRENTE-TROISIÈME LEÇON

HYGIÈNE DU CORPS

> Celui qui ne se lève pas assez tôt est tout le jour en retard pour ce qu'il doit faire.

181. — Lotions du visage et des mains. — Comme la transpiration laisse sur la peau une sorte d'enduit qui nuit à la respiration cutanée, il est nécessaire de recourir aux lotions, aux bains et aux frictions. Les lotions journalières du visage, du cou, des mains sont d'une utilité si évidente que leur usage fait essentiellement partie des habitudes d'une bonne éducation. La propreté du corps est aussi indispensable que la respiration, car la malpropreté vicie l'air et cause de graves maladies. Pour les éviter, il suffit, dit un hygiéniste, d'avoir de l'eau, une éponge ou un linge, et un peu de bonne volonté. « Je ne sais pas, disait Henri IV, comment on peut se dispenser d'être propre, quand, pour l'être, il ne faut qu'un peu d'eau. »

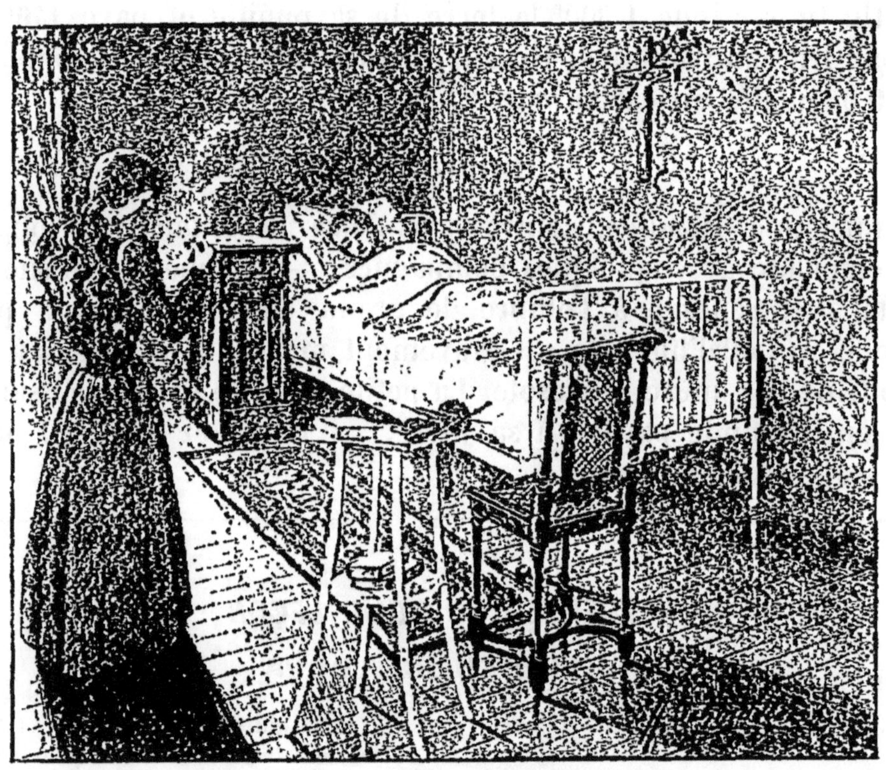

La garde-malade est aux petits soins pour la personne qu'on lui a confiée; elle exécute ponctuellement les moindres prescriptions du médecin, procure au malade les distractions et les douceurs compatibles avec son état.

La garde-malade a plus de raisons encore d'être d'une extrême propreté, surtout si la personne qu'elle soigne est atteinte d'une maladie contagieuse. Chaque fois qu'elle aura touché des objets contaminés, elle se lavera bien les mains à l'eau de savon, puis se les rincera avec une solution de sublimé corrosif au millième.

182. — Bains. — Les grands bains sont nécessaires de temps en temps. En été, on les prend froids, soit à la rivière, soit dans la mer. En hiver, il faut autant que possible les prendre tièdes, à une température de 25 à 30 degrés au plus.

Les bains froids doivent être de courte durée. Il faut éviter de s'y mettre quand on est en sueur. Les bains chauds peuvent durer une demi-heure.

183. — Frictions. — Les frictions à l'eau froide sont d'une extrême importance. Les anciens en tiraient grand parti pour prévenir et guérir une foule de maladies, aussi bien que pour fortifier les constitutions faibles. De nos jours, une méthode de médecine, qui se généralise de plus en plus, a pour base les frictions à l'eau fraîche. Elles sont un puissant moyen de régulariser les fonctions de la peau, d'accélérer la circulation générale et de suppléer, autant que possible, à l'exercice que l'on ne peut prendre. Elles sont particulièrement utiles aux personnes sédentaires, à celles qui sont sujettes aux maux d'estomac, aux affections rhumatismales et goutteuses.

184. — Soins de la bouche. — Les dents demandent des soins minutieux. Il faut les laver chaque jour, ou mieux après chaque repas, avec une petite brosse, afin d'en détacher avec soin les détritus alimentaires.

Il faut éviter : 1° de s'en servir pour briser des corps durs, soulever des fardeaux, couper du fil; 2° de boire froid après avoir mangé la soupe, parce que les dents sont très sensibles au passage brusque du chaud au froid.

On fera un usage très modéré des sucreries et en général

de toutes les friandises; on s'interdira les fruits acides, dont le contact altère l'émail des dents.

Questionnaire.

181. — Quels soins doit-on prendre pour la propreté du visage et des mains? — Pourquoi?
182. — Comment prend-on les grands bains?
183. — Quels sont les avantages des frictions à l'eau froide?
184. — Quels soins faut-il prendre des dents?

Problème.

Pour assainir un appartement, on a fait blanchir ses quatre murs et le plafond. La longueur de la pièce est 6m 25, la largeur 5m 50, et la hauteur 3m 10. A combien se monte cette dépense sachant que le mètre carré du travail coûte 0f 65?

Rédaction.

Vous êtes dans la désolation. Votre bonne grand'mère, que vous embrassiez si gaiement hier soir, vient d'être frappée de mort subite. — Vous annoncez cette triste nouvelle à votre tante Zoé, qui aimait beaucoup sa mère. — Dites-lui ce que vous savez de cette mort si prompte et priez-la d'arriver le plus tôt possible.

TRENTE-QUATRIÈME LEÇON

HYGIÈNE DU TRAVAIL ET DU REPOS

L'homme est né pour travailler
comme l'oiseau pour voler.

185. — Le travail est un devoir et une nécessité. — Le travail est tout à la fois un devoir et une nécessité.

1° C'est un *devoir* : le travail est la condition de notre réhabilitation. L'homme déchu eut à subir cette sentence : *Tu mangeras ton pain à la sueur de ton front.*

2° C'est une *nécessité*, car les organes inoccupés perdent

de leur énergie et deviennent incapables du moindre effort.

L'expérience prouve que le travail est nécessaire pour fournir aux besoins de la vie; c'est une réalisation de la menace de Dieu. Les riches possèdent en vertu du travail de leur père ou de leur propre activité; mais les familles riches perdent bientôt ou leur fortune ou leur influence si elles ne s'occupent pas sérieusement de leurs affaires, c'est-à-dire si elles ne travaillent pas.

Les enfants doivent s'habituer de bonne heure à travailler dans la mesure de leurs forces et se mettre à même d'exercer honorablement un jour l'état qui assurera leur existence.

186. — Le travail est un bienfait. — Quiconque se livre au travail comme il le doit y trouve à la fois la santé, un salaire, une jouissance. Au contraire : *L'oisiveté,* dit l'Ecriture, *est la mère de tous les vices.*

187. — Le travail doit être réglé. — Le travail est soumis à certaines règles. Il doit être proportionné à l'âge et aux forces. Il ne peut être continu. Il faut des alternatives de mouvement et de repos. Si l'inaction prolongée engourdit les organes, l'excès de travail les épuise.

188. — Le repos est une nécessité et un devoir. — 1° Le repos est une nécessité : au corps comme à l'esprit, il faut des délassements. De même qu'un arc trop longtemps tendu se relâche et perd de son élasticité, de même le corps s'épuise par un travail ininterrompu; l'esprit perd de sa pénétration, et l'un et l'autre deviennent bientôt rebelles à tout effort.

2° Le repos est un devoir : le repos du dimanche est ordonné par Dieu lui-même, et le repos journalier est nécessaire pour conserver les forces. Pour l'ouvrier, le repos le

La veillée en famille.

Le père lit le journal: la mère donne la poupée promise à petite Jeanne qui a été sage: Louise regarde attentivement les images du « *Noël* » ; le grand frère et la grande sœur s'amusent au jeu de l'oie.

plus naturel est celui du soir; la maîtresse de maison doit donc s'ingénier à rendre les soirées agréables. Si elle y réussit, elle peut se rendre le témoignage d'avoir fait beaucoup pour le bonheur de la famille.

189. — Le sommeil. — Le sommeil est un immense bienfait de la Providence. Il nous fait renaître en quelque sorte chaque jour et répare nos forces affaiblies : la privation prolongée de sommeil amènerait la mort. — Porté à l'excès, le sommeil rend le corps pesant et affaiblit les facultés intellectuelles : l'esprit perd sa perspicacité, et la mémoire son activité; la volonté s'énerve et le cœur s'amollit.

Le sommeil tranquille.

Un sommeil de sept heures suffit aux grandes personnes; les vieillards en demandent moins; les enfants et les tempéraments faibles en veulent davantage. Se coucher tard et se lever tard est réprouvé par l'hygiène.

Questionnaire.

185. — Montrez l'obligation et la nécessité du travail. — Les enfants doivent-ils travailler?

186. — Que procure le travail bien accompli?

187. — Quelles sont les règles du travail?

188. — Montrez que le repos est une nécessité et un devoir. — Que peut la femme pour le repos du travailleur?

189. — Dites ce que vous savez sur le sommeil bien compris et sur le sommeil prolongé.

Problème.

Trois familles de cultivateurs ont été éprouvées par la grêle. On leur fait distribuer une somme de 5000 fr, qui doit être répartie proportionnellement à la perte de chacune. Si la première a perdu 2 500 fr, la 2e 4000 et la 3e 7000, quelle sera la part de chaque famille?

Rédaction.

Expliquez à une amie qui, comme vous, s'occupe d'économie domestique, comment le travail et le repos sont, l'un et l'autre, une nécessité et un devoir. — Parlez aussi du sommeil.

SIXIÈME PARTIE

LA MÉDECINE FAMILIALE

TRENTE-CINQUIÈME LEÇON

PRINCIPALES PRÉPARATIONS DOMESTIQUES

L'ordre a trois avantages : il soulage la mémoire, il ménage le temps, il conserve les choses.

190. — La pharmacie de la ménagère. — La bonne ménagère se pourvoit des remèdes les plus indispensables en cas de maladies subites ou d'accidents. Elle a la connaissance des principaux médicaments, de leur action et de la manière de les préparer.

Dans sa petite armoire il y a toujours des purgatifs : huile de ricin, sulfate de magnésie ou des feuilles de séné ; des émollients : farine de lin et son ; un crayon anti-migraine, de la farine de moutarde ou mieux une boîte de sinapismes, du taffetas d'Angleterre, de la vaseline blanche, de la teinture d'arnica, du tilleul, de la camomille, de l'absinthe, de l'alcool camphré, etc.

191. — Infusion. Décoction. — Pour faire une infusion, on verse de l'eau bouillante sur une substance végétale dont on veut extraire les principes actifs : violette, tilleul, thé, etc. — On couvre bien le vase, et on laisse infuser de dix à douze minutes.

La décoction diffère de l'infusion en ce qu'on laisse

Étagère à médicaments.

bouillir les feuilles ou les racines dans l'eau. Le temps de la décoction n'est pas le même pour toutes les substances; il varie d'une demi-heure à deux heures. En général, les racines doivent bouillir plus longtemps que les feuilles.

192. — Solution. Macération. — La solution consiste à faire dissoudre une substance dans un liquide qu'on ne soumet pas à l'ébullition : Solution gommeuse, etc.

La macération est une infusion à froid. On laisse au moins pendant vingt-quatre heures, dans de l'eau ou dans du vin, la substance que l'on veut préparer. Le quassia amara, la gentiane, l'absinthe, etc. se préparent en macération.

193. — Cataplasme. — Le cataplasme est une pâte bien liée, comme une bouillie épaisse, qui se fait avec du son, de la farine de lin, de seigle ou de pomme de terre, ou bien avec certaines substances charnues : racines, fruits ou légumes. Cette bouillie se met entre deux linges en quantité suffisante pour conserver longtemps la chaleur. Une toile cirée placée dessus préservera de l'humidité les habits et les draps.

194. — Sinapisme. — Le sinapisme est un cataplasme fait avec de la farine de moutarde. On l'applique sur la peau pour produire une irritation et déterminer une dérivation salutaire. — Le sinapisme est avantageusement remplacé par le papier moutarde, qu'on trouve dans toutes les *pharmacies*. C'est un sinapisme tout préparé : il suffit de l'humecter dans l'eau avant de l'appliquer.

195. — Compresse. — La compresse est un linge plié en plusieurs doubles et imbibé d'un liquide approprié, que l'on applique sur une plaie ou une partie malade.

Questionnaire.

190. — Que doit connaître la ménagère en fait de médecine ? — Donnez la composition de sa pharmacie.
191. — Dites comment on prépare une infusion, une décoction.
192. — Qu'entendez-vous par solution et macération ?
193. — Quelles sont les substances généralement employées pour les cataplasmes ? — Comment se fait le cataplasme ?

194. — Quel est l'emploi du sinapisme? — Qu'est-ce que le papier moutarde?

195. — Qu'est-ce qu'une compresse?

Problème.

Une personne, qui se retire du commerce, place son capital à 4 fr. 5 p. 0/0. Les intérêts qu'elle en reçoit lui permettent de dépenser 6 fr. 50 par jour. Quel est ce capital? (Comptez l'année de 365 jours.)

Rédaction.

Développez le sens de cette maxime : « L'ordre a trois avantages : Il soulage la mémoire, il ménage le temps, il conserve les choses. »

TRENTE-SIXIÈME LEÇON

PLANTES MÉDICINALES

La santé est le bien le plus précieux, plus précieux que l'or et les richesses.

196. — Plantes toniques et astringentes. — La bonne ménagère doit toujours avoir à sa disposition un certain nombre de plantes médicinales conservées avec soin. Elle doit savoir à quel moment les cueillir et quel parti en tirer.

Les principales plantes toniques et astringentes sont la petite centaurée et la gentiane.

Petite centaurée. — Elle croît à l'état sauvage dans les bois et les prairies. On emploie ses fleurs. — *Récolte* : juin et juillet. — *Conservation* : sécher promptement et renfermer dans des sacs de papier. — *Usage interne* : infusion de 10 grammes par litre d'eau. — *Propriétés* : amère, tonique, digestive, fébrifuge, vermifuge.

Gentiane. — Elle croît à l'état sauvage dans les prés

secs et dans les bois. — *Partie employée* : racines que l'on récolte après la chute des feuilles. — *Conservation* : on coupe les racines par morceaux avant de les sécher au four : — *Usage interne* : macération à la dose de 15 à 25 grammes par litre, ou bien en décoction, de 8 à 10 grammes par litre. On fait macérer pendant deux ou trois jours dans du vin ou dans de l'eau. — *Propriétés* ; utilisée dans les digestions pénibles et la faiblesse de constitution. On prend un petit verre avant chaque repas.

197. — Plantes émollientes ou adoucissantes. — Les principales sont la bourrache, le coquelicot rouge, la mauve.

Bourrache. — *Récolte* : les fleurs, tout le temps de la floraison, et les feuilles avant la floraison. — *Usages* : on fait de la tisane avec les fleurs et les feuilles, 8 à 10 grammes par litre d'eau. Cette tisane est recommandée dans les maladies inflammatoires et les maladies de poitrine. Toutes les parties de la plante s'emploient en fumigations contre la rougeole, la scarlatine et la variole. A cet effet on fait bouillir de 50 à 100 grammes par litre d'eau.

Bourrache officinale.

Coquelicot rouge. — Cette plante se trouve dans les champs de céréales. — *Parties employées* : pétales et capsules. — *Récolte* : les pétales pendant la floraison, les capsules avant la maturité. — *Conservation des pétales* : les étendre sur du papier et les sécher au feu. Pour les capsules, on les vide de leurs graines et on les laisse sécher. — *Usage interne* : 10 grammes par litre d'eau. — *Propriété* : calmante.

Mauve. — La mauve croît à l'état sauvage sur le

8

bord des chemins. On récolte les feuilles et les fleurs au printemps, puis on les sèche au soleil. — *Usage interne :* infusion de 5 à 10 grammes par litre d'eau ; s'emploie dans les maladies de poitrine et la rougeole. Les feuilles, les fleurs et la racine s'emploient souvent à l'état frais. Les feuilles, cuites, font des cataplasmes bien adoucissants. Les décoctions de racines ou de feuilles servent pour les bains et les fomentations.

198. — Plantes excitantes. — Les principales sont la camomille, la menthe et la mélisse.

Camomille. — *Partie employée* : les fleurs, qu'on doit cueillir dès qu'elles sont épanouies; puis on les fait sécher au soleil pour les conserver. Une infusion de ces fleurs, 8 à 10 grammes par litre d'eau, est très efficace contre les fièvres intermittentes, les indigestions, les crampes d'estomac. Les personnes qui ne digèrent pas facilement se trouvent bien d'en prendre une tasse après le repas.

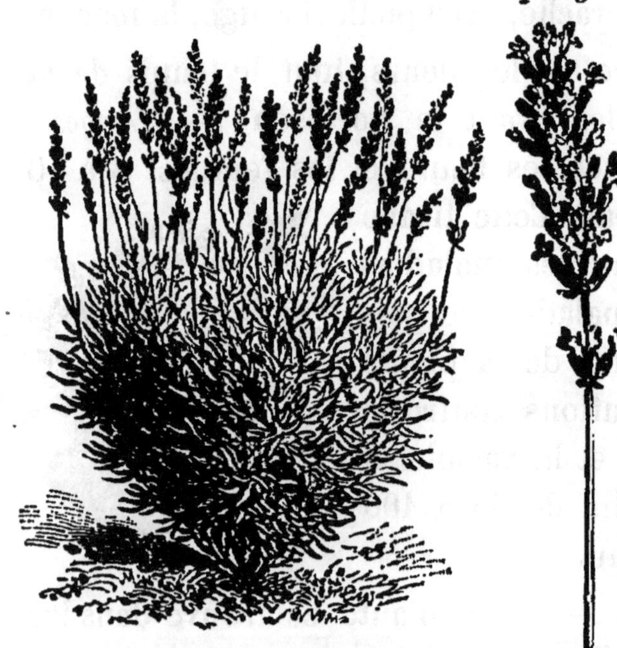

LAVANDE

La lavande est une plante aromatique et stimulante. On emploie ses sommités fleuries en infusion. 10 gr. par litre.

Mélisse. Menthe. — Les feuilles de ces plantes se conservent séchées ; la bonne ménagère n'en manque jamais. Une infusion de ces feuilles est très bonne pour favoriser la digestion. Quand les troubles de la digestion se sont déjà manifestés, on remplace souvent l'infusion par l'eau de mélisse des carmes ou par l'eau de menthe, qui sont plus efficaces : la ménagère en a toujours à sa disposition. Une cuillerée de l'une ou de l'autre sur une pierre de sucre ou dans un demi-verre d'eau sucrée suffit pour rétablir l'ordre.

Questionnaire.

196. — Quelles sont les principales plantes toniques ? — Faites connaître leur mode d'emploi et la manière de les conserver.

197. — Nommez les principales plantes adoucissantes. — Quand doit-on les cueillir ? — Comment les emploie-t-on ?

198. — Parlez des principales plantes excitantes. — Quels avantages présentent l'eau de mélisse et l'eau de menthe ?

Problème.

Un pauvre ouvrier faisant partie de la Société de secours mutuels de sa ville, étant tombé malade, est resté 4 semaines sans travailler. La Société a payé pour lui : 1° les honoraires du médecin 25f ; 2° les remèdes 15f 50, et 3° lui a remis les 2/3 de son gain ordinaire pour l'entretien de sa famille. A-t-il été avantageux pour cet ouvrier, qui gagne en moyenne 3f par jour et travaille 6 jours par semaine, de faire partie de l'association ? Quelle est la différence entre la valeur qu'il a reçue et ce qu'il aurait gagné pendant les 4 semaines de repos ?

Rédaction.

Vous avez fait, jeudi, une promenade présidée par votre maîtresse. — Vous avez cueilli des fleurs de guimauve, de bourrache, de centaurée, de camomille et d'absinthe. — Quel parti tirerez-vous de votre cueillette ?

TRENTE-SEPTIÈME LEÇON

PLANTES MÉDICINALES *(Suite)*

Le devoir avant tout.

199. — Plantes vermifuges. — Absinthe. — Cette plante fleurit de juillet à septembre. On emploie les feuilles et les sommités. — *Conservation :* on monde les sommités qu'on dispose en guirlandes pour les faire sécher. — *Usage interne:* de 5 à 10 grammes par litre d'eau. — *Usage externe :* cataplasmes de feuilles et de fleurs pilées.

Absinthe officinale.

L'absinthe est de plus un fébrifuge. — Quand on la fait macérer dans du vin, on obtient un apéritif très puissant et très fortifiant.

L'ail, la **camomille**, la **mousse de corse**, la **valériane** sont aussi des vermifuges.

200. — Plantes dépuratives. — Les principales plantes dépuratives sont le cresson et le cochléaria.

Cresson. — Le cresson est une plante aquatique dont les feuilles sont salutaires en toute saison, mais surtout au printemps. On les mange au naturel ou en salade. — Une infusion de 50 à 60 grammes par litre d'eau, bue à jeun, est très recommandée dans les cas de faiblesse d'estomac, de scorbut, de phtisie. — Comme dépuratif du sang, le cresson entre dans la composition du jus d'herbes.

Cochléaria. — Le cochléaria croît à l'état sauvage dans les fossés. On récolte les racines et les feuilles en juin, avant la floraison. — Le vin de cochléaria est excellent pour exciter l'appétit et combattre l'anémie : on fait macérer de 20 à 25 grammes dans un litre de vin blanc. Le cochléaria entre dans la composition du sirop antiscorbutique.

Les feuilles de **noyer** employées en infusion sont aussi très recommandées comme dépuratif.

201. — Plantes calmantes. — Tilleul. — La principale plante calmante est le tilleul, que l'on cueille en juillet. Après avoir ôté les bractées, on met les fleurs à sécher à l'ombre au grand air, puis on les renferme dans des bocaux bien couverts. Le tilleul se prend en infusion de deux ou trois fleurs pour un verre d'eau. Les médecins l'ordonnent souvent.

Arnica.

Les feuilles d'**oranger** ont les mêmes propriétés calmantes. — On en fait aussi une infusion.

202. — Arnica. — L'arnica a une propriété résolutive. — Cette plante est connue sous les noms d'*herbe aux pêcheurs*, de *tabac des*

Alpes; elle fleurit en juillet. Ses fleurs sont jaunes, terminales et ressemblent à celles du pissenlit. On emploie la racine, les feuilles et les fleurs. La racine se récolte en septembre à l'époque de la maturité des graines. On fait une infusion des feuilles et des fleurs dans la proportion de 5 à 6 grammes pour un litre d'eau.

A défaut de la plante, on achète de la teinture d'arnica chez le pharmacien. Il est bon d'en prendre après les chutes; quelques gouttes suffisent dans un verre d'eau. — Cette précaution n'empêche pas d'appliquer sur la contusion une compresse imbibée de teinture d'arnica ou d'une décoction de la racine.

Bouillon blanc officinal.

203. — Fleurs pectorales. — La bonne ménagère a à sa disposition des fleurs pectorales : violettes, pâquerettes, mauve, bouillon blanc, dont elle fait de délicieuses infusions en cas de rhumes.

Elle est munie également d'orge et de riz.

Questionnaire.

199. — Quelles sont les propriétés de l'absinthe? — Comment l'emploie-t-on?

200. — Parlez des plantes dépuratives.

201. — Quelles sont les parties employées dans le tilleul? — Comment les conserve-t-on?

202. — Quelles sont les propriétés de l'arnica? — Est-il facile de s'en procurer?

203. — Nommez les principales fleurs pectorales.

Problème.

Une ménagère économe a fait cueillir par ses enfants des feuilles et des fleurs médicinales, et les a vendues au pharmacien comme suit: 15kg 85 fleurs de tilleul à 1f 50 le kilog.; 128 hg fleurs de sureau à 1f 35 le kg; 12 hg de guimauve à 1f 25 le kg 4kg 45 racines de guimauve à 0f 25 le demi-kilog., et 325 décag d'absinthe à 0f 05 l'hectog.

Elle a pris chez le pharmacien: 5 paquets de sulfate de quinine de 25 centigr. chacun à 0f 75 le gramme et 45 grammes de citrate de magnésie à 3f 85 le kg. Combien le pharmacien lui redoit-il?

Rédaction.

Vous avez utilisé vos promenades du printemps en cueillant des fleurs médicinales. Après les avoir fait sécher avec soin, vous en avez fait une petite réserve pour la maison et votre mère a vendu les autres au pharmacien. Exprimez votre bonheur de pouvoir aussi facilement diminuer les frais de maladies de la famille.

TRENTE-HUITIÈME LEÇON

LA BONNE MÉNAGÈRE SAIT SOIGNER LES PETITES MISÈRES

A besogne faite, joyeux repos.

204. — Piqûres d'insectes. — S'il arrive que quelqu'un des siens soit piqué par des insectes, tels que guêpes, cousins, la bonne ménagère s'empresse d'atténuer l'effet de la piqûre en frottant la partie blessée avec le blanc du poireau ou avec de l'eau salée. Quand la blessure est envenimée, il est mieux de se servir d'alcali volatil ou ammoniaque. Si la ménagère ne peut s'en procurer immédiatement, après avoir bien essuyé la plaie, elle l'humecte abondamment de salive en attendant mieux.

205. — Coupures. — La bonne infirmière lave les coupures à l'eau froide et s'assure qu'il ne reste dans la blessure aucun débris de l'objet qui a causé la blessure : morceaux de verre, de faïence, etc. ; puis elle rapproche les bords de la plaie, qu'elle maintient avec du taffetas d'Angleterre ou du collodion. Elle met simplement un linge quand la coupure n'est pas profonde.

206. — Saignement de nez. — Pour remédier à cet accident, il est bon de laver le nez avec de l'eau fraîche et d'en faire boire un peu. Si l'hémorragie continue, il faut mettre dans le nez un petit tampon d'ouate ou d'amadou ; et si ce n'est pas suffisant, on imbibe de perchlorure de fer le tampon d'ouate.

207. — Rhumes. — La femme prudente attache une grande importance au soin des rhumes, qui peuvent dégénérer en maladies de poitrine s'ils sont négligés, puis donner naissance à la phtisie, maladie mortelle. Elle administre, dans la journée, des tisanes pectorales chaudes, et le soir un bon lait de poule. Si la toux persiste, elle frotte la poitrine et le dos avec de la teinture d'iode ou y applique du papier wlinzi. — Si l'on doit toujours éviter les courants d'air, à plus forte raison doit-on le faire pendant les rhumes.

Voici comment l'infirmière prépare le lait de poule : elle met dans un bol du sucre en poudre et un jaune d'œuf qu'elle bat avec une fourchette, puis elle verse dessus de l'eau bien chaude, en ayant soin de remuer sans interruption ; elle aromatise avec un peu d'eau de fleur d'oranger.

208. — Cors aux pieds. — La maîtresse de maison ne coupe pas les cors ; elle n'accepte pas non plus les ingrédients caustiques des charlatans. Elle connaît un moyen plus simple et qui est le meilleur : c'est de prendre des bains de pieds chauds assez prolongés pour amollir le cor, qui tombe ensuite facilement.

209. — Bains de pieds. — La bonne ménagère donne les bains de pieds de manière à les rendre salutaires. Pour cela, elle chauffe d'abord l'eau à une température que le pied supporte facilement ; ensuite elle réchauffe en ajoutant de l'eau chaude une ou deux fois ; de cette façon, le bain de pieds ne refroidit pas. Il est mieux d'augmenter ainsi la chaleur que de se brûler le pied en entrant dans l'eau, et de laisser ensuite baisser la température du bain. Un bain de dix minutes est suffisant.

Questionnaire.

204. — Comment la bonne ménagère atténue-t-elle l'effet des piqûres d'insectes ?

205. — Indiquez la manière de soigner une coupure.

206. — Comment remédier aux saignements de nez ?

207. — Comment la femme prudente soigne-t-elle les rhumes ? — Comment fait-elle le lait de poule ?

208. — Quel est le meilleur remède pour les cors? — Que faut-il éviter?
209. — Parlez de la manière de prendre les bains de pieds.

Problème.

Une personne qui me doit 1 050 fr. me donne en payement un sac de pièces de 10 centimes et de 5 centimes pesant 8 kg 950, et un sac de monnaie d'argent du poids de 4 kg 800. Ai-je mon compte?

Rédaction.

Ecrivez à une amie. — Dites-lui que vous êtes désignée par votre mère pour être infirmière de la famille. — Vous acceptez ces fonctions avec plaisir. Vous soignez un rhume, dites comment. — Votre petite sœur est tombée sur une bouteille et s'est blessée. Quels soins lui avez-vous donnés?

SEPTIÈME PARTIE

LA CAMPAGNE

TRENTE-NEUVIÈME LEÇON

MAISON DE CAMPAGNE

L'homme le plus méritant
est le plus modeste.

210. — Avantages que procure la campagne. — C'est la demeure agréable à tous : le pauvre comme le riche aime la liberté des champs, l'air pur de la campagne.

La bonne ménagère y trouve tout ce dont elle a besoin,

Maison de campagne bien située et bien orientée.

car il n'y a guère de maison de campagne qui n'ait son jardin, sa basse-cour et souvent une étable. Aussi la maîtresse de maison qui comprend ses intérêts attache une grande importance à tous ces avantages et les fait valoir avec intelligence et dévouement.

211. — Aspect de la maison de campagne. — Au premier coup d'œil on voit que l'ordre et la propreté en font l'ornement. Souvent il y a devant cette demeure un petit parterre qui donne à l'habitation un air de gaieté. En arrière est le jardin potager, où l'on trouve les légumes et les fruits

de chaque saison. La jeune fille cultive plus particulièrement les fleurs, qu'elle aime à cueillir pour orner la statue de la sainte Vierge et le Crucifix de la maison.

212. — Jardin potager. — Dans les plus modestes jardins, il y a des choux, des navets, des carottes, des poireaux, des oignons, des pommes de terre, des haricots, des pois, des fèves, des laitues, de la mâche. Quand les habitants sont dans une plus grande aisance, on y trouve des artichauts, des asperges, des salsifis, du céleri, du cerfeuil, des épinards, etc.

Oignon rouge pâle de Niort.

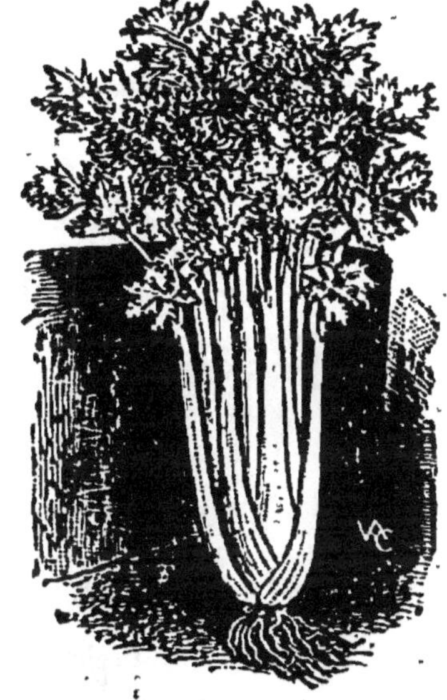

Céleri plein blanc doré.

213. — Jardin médicinal. — La bonne ménagère tient beaucoup à avoir sous la main des plantes médicinales : menthe, sauge, mélisse, mauve, etc.

Laitue blonde de Versailles.

214. — Arbres fruitiers. — La ménagère veille à ce que son jardin soit planté d'arbres fruitiers en plein rapport.

La *vigne* serpente devant la maison où, recevant le soleil du midi, elle produit du raisin en abondance.

Le *poirier* donne des fruits d'été, d'automne et d'hiver des meilleures qualités.

Le *pommier*, par ses variétés de fruits à couteau : rainettes, calville, pigeonnet, etc., fournit, jusqu'à l'année suivante, un dessert aussi sain qu'agréable.

Pêche Bellegarde.

Le *prunier* et le *cerisier* ne sont pas oubliés ; et, quoique le fruit du *pêcher* et de l'*abricotier* ne se mettent guère que sur la table du riche, la bonne ménagère les cultive avec soin, car en vendant les primeurs, elle en retire un gain appréciable.

Fraise Docteur Morère.

Elle tient aussi beaucoup aux petits fruits : fraises, groseilles à grappe et à maquereau.

Questionnaire.

210. — Quels avantages procure l'habitation à la campagne ?

211. — Quel aspect offre la maison de campagne ?

212. — Que trouve-t-on toujours dans le modeste jardin ? — et dans celui qui est plus luxueux ?

213. — Quelle partie du jardin se réserve la ménagère ? — Qu'y met-elle ?

214. — Parlez des arbres fruitiers de la maison de campagne.

Problème.

Une ménagère économe a récolté 820 poires William; elle en réserve un demi-cent pour sa table et vend le reste à raison de 4 fruits pour 45 centimes. Combien doit-elle recevoir?

Rédaction.

Ecrivez à une amie qui habite la campagne. Félicitez-la de son bonheur et dites-lui les raisons qui vous font désirer d'y fixer votre séjour.

QUARANTIÈME LEÇON

BASSE-COUR

Un peu de travail et beaucoup
de soins mettent le pain à la main.

215. — Avantages de la basse-cour. — La basse-cour est une précieuse ressource quand elle est l'objet de soins dévoués et intelligents. Aussi la bonne ménagère ne néglige pas ce moyen d'augmenter ses revenus, en utilisant bon nombre de débris de la cuisine, qui autrement seraient perdus.

La volaille et les œufs qu'elle vend lui rapportent un bon gain; elle a toujours à sa disposition de bonne viande pour les malades, les visiteurs inattendus, et souvent pour la famille.

Basse-cour.

216. — Animaux de basse-cour. — Les plus communs

sont la poule, le canard et l'oie. Le dindon, le pigeon et la pintade sont aussi dans beaucoup de nos basses-cours. Tout ce petit peuple se nourrit de grain et de débris de cuisine.

217. — Poule. — La poule est l'oiseau domestique le plus apprécié et celui qui donne le plus d'œufs. Elle est si bonne mère, que l'on compare souvent l'amour maternel à la sollicitude d'une poule pour ses poussins. Elle pond pendant huit mois. C'est au printemps que, le plus souvent, elle demande à couver. — La poule se trouve mieux en liberté que renfermée. Elle aime à glaner les insectes et les grains de toute espèce. Elle se roule dans la poussière pour se débarrasser des insectes qui l'incommodent; aussi la bonne ménagère a soin de lui mettre de la cendre dans le poulailler.

On reconnaît les jeunes poules à leurs pattes lisses et au duvet léger qu'elles ont sur la peau. Les vieilles ont la peau d'un blanc mat, rugueuse et un peu farineuse.

218. — Pépie. — La poule est sujette à la pépie. Cette maladie se reconnaît facilement à la présence d'une peau jaunâtre que l'on voit à la pointe de la langue. Il faut ôter cette peau avec la pointe d'une aiguille ou d'un canif.

219. — Les meilleures races de poules. — Les meilleures races sont : 1° la poule commune, qui est petite, mais excellente pondeuse; c'est celle qui souffre le moins dans les cours froides et humides et dans les poulaillers mal construits; 2° la poule de Houdan, qui est précoce et d'un engraissement facile; elle a la tête ornée d'une huppe; son plumage est noir et tacheté de blanc.

220. — Canard. — Le canard aime à barboter dans les mares et les ruisseaux. Il est très vorace et se nourrit des aliments les plus grossiers. Il y en a un très grand nombre de races; la plus grosse est celle de Rouen. Le canard est facile à élever et se vend bien.

221. — Oie. — L'oie nous donne sa chair, sa graisse qui est excellente, son foie, ses plumes, son duvet. Elle est très facile à élever. C'est à Noël surtout que les oies grasses se vendent le mieux. Les membres cuits et conservés dans la graisse forment dans quelques provinces la nourriture des petits ménages qui trouvent plus facilement le moyen d'élever quelques oies qu'un porc. — Le foie gras, si recherché, provient d'une maladie que l'on occasionne par un gorgement excessif de nourriture.

Questionnaire.

215. — Quels avantages procure la basse-cour? — A quelle condition est-elle une source de profits?

216. — Quels sont les principaux animaux de la basse-cour?

217. — Parlez de la poule et de ses goûts. — Comment reconnait-on la vieille poule et la jeune poule?

218. — Comment reconnait-on qu'une poule a la pépie? — Comment la guérit-on?

219. — Quelles sont les meilleures races de poules? — Quels motifs font préférer la poule commune et la poule de Houdan?

220. — Montrez les avantages de l'élevage du canard. — Quels sont ses goûts?

221. — Parlez de l'oie. — Comment obtient-on le foie gras?

Problème.

Une maîtresse de maison nourrit deux douzaines de poules et leur fait consommer 180 litres de blé noir à 11 f l'hectolitre; 180 litres de criblures évaluées 1 f 32 le décalitre; 180 litres d'orge à 2 f 40 le double décalitre, et 90 kg. de son à 105 f les 1000 kg. Chaque poule lui a donné en moyenne 22 douzaines d'œufs à 0 f 50 la douzaine. A-t-elle fait un bénéfice? Combien?

Rédaction.

Faites la description de votre maison à la campagne; n'oubliez ni le jardin, ni les animaux de la basse-cour.

QUARANTE ET UNIÈME LEÇON

BASSE-COUR (*Suite*)

A la caisse d'épargne un et un font trois.

222. — Dindon. Pintade. — L'élevage du dindon présente certaines difficultés et demande des soins minutieux, surtout à l'époque du développement de la crête; c'est pour cette raison qu'on en élève peu dans les petits ménages.

Pintade.

Mais comme ils sont très recherchés dans le commerce et se vendent cher, la ménagère qui dispose d'assez de terrain pour les laisser courir en liberté tient à en avoir quelques-uns.

La pintade s'élève plus facilement que le dindon. Elle ne veut pas être renfermée la nuit; elle préfère se percher sur les arbres qui entourent la maison. Sa chair est excellente.

223. — Période de la mue pour les volailles. — Lorsque les volailles sont mal nourries, mal entretenues au moment de la mue, elles périssent en grand nombre. Il est bon, pendant cette crise, de les tenir chaudement à l'abri de la pluie et de l'humidité.

224. — Engraissement des volailles. — Pour bien engraisser une volaille qui ait un bon poids et une blancheur éclatante, il faut la tenir enfermée dans un espace étroit, et, dans les quinze jours d'engraissement, faire la pâtée avec de la farine, de l'eau salée et des graines de l'année précédente.

225. — Conservation de la volaille tuée. — Il importe, pour empêcher la décomposition rapide des volailles tuées et permettre un long transport, de ne point leur donner à manger au moins douze heures avant de les tuer.

226. — Soins à donner au poulailler. — Le poulailler demande une grande propreté. Il doit être suffisamment aéré pour que la volaille n'y souffre pas trop de la chaleur. S'il arrivait que la vermine s'y développât, il faudrait enduire les murs avec de la chaux, ou les laver avec du pétrole au moyen d'un pinceau. Le perchoir sera disposé de manière que la poule puisse y monter sans effort.

Les poules doivent toujours avoir de l'eau propre à leur disposition, ainsi que des cendres sèches mises à couvert afin qu'elles puissent y faire leur toilette à leur aise.

La bonne ménagère entre dans tous ces détails; si elle n'agit pas elle-même, elle surveille attentivement et donne ses ordres pour que tout soit bien fait.

Lapin.

227. — Lapins. — Beaucoup de ménagères tiennent à avoir des lapins. — Elles leur construisent un clapier au pied d'un mur exposé au soleil et le renferment dans une petite cour entourée d'un treillage. Ces rongeurs mangent beaucoup, mais on se procure à bon marché ce qu'il faut pour les nourrir; en hiver : du foin, du son, un peu de grain et des racines; au printemps et en été : des débris de légumes, de l'herbe. Les enfants se font un plaisir d'aller chercher aux champs les herbes qui leur plaisent. On se procure avec la chair de ces petits animaux un bon repas par semaine et on vend leur peau.

Questionnaire.

222. — Avantages et inconvénients que présente l'élevage du dindon et de la pintade?
223. — Quelles précautions faut- prendre à l'époque de la mue des volailles?
224. — Quelle est la manière de procéder à l'engraissement des volailles?
225. — Quel est le moyen de conserver la volaille tuée?
226. — Quelles sont les conditions d'un poulailler bien tenu?
227. — Parlez de la construction du clapier et de l'entretien des lapins.

Problème.

Un rentier charitable consacre 1/10 de son revenu à des œuvres de bienfaisance. Il dépense 75 0 0 pour l'entretien de sa maison, et ses économies annuelles sont de 780 fr. Quel est son revenu annuel?

Rédaction.

Vous êtes à la campagne chez votre grand'mère pour le temps des vacances. Ecrivez à votre mère l'emploi de votre journée : lever matinal; déjeuner au lait; participation au soin du ménage; quelques courses dans les champs; visites à la basse-cour que vous avez été chargée de tenir en ordre. Dites comment vous vous y prenez.

QUARANTE-DEUXIÈME LEÇON

RÉSUMÉ DES AVANTAGES QUE PROCURENT LES TRAVAUX MANUELS

La maison est en quelque sorte
l'enseigne de ceux qui l'habitent.

228. — Travaux du ménage. — Mme de Maintenon et Mme Campan, les illustres fondatrices des maisons de Saint-Cyr et d'Ecouen, ont en maintes circonstances insisté sur les avantages que procurent les travaux manuels.

« Employez vos enfants, disait Mme de Maintenon aux directrices du Pensionnat, employez-les au service de la maison, sans scrupule. Tout ce que vous leur ferez faire à Saint-Cyr sera peu de chose en comparaison de ce qu'elles feront ailleurs. Rendez-les ménagères, laborieuses, adroites; elles en seront plus propres à tous les partis qu'elles pourront prendre. Qu'elles se servent les unes les autres; qu'elles balayent et fassent les lits : elles en seront plus fortes, plus adroites et plus humbles.

« On fera des récompenses de toutes ces fonctions; on ne les accordera qu'aux plus sages. Vous comprendrez aisément que des filles élevées de cette sorte seront d'excellentes maîtresses de maison, d'excellentes mères de famille. »

Elle disait aux enfants : « Vous retournerez, la plupart, en sortant d'ici, avec un père ou une mère veufs, ou infirmes, passant bien souvent vos journées à travailler. Il y en aura d'autres, et ce seront les plus heureuses, qui se trouveront dans le fond d'une campagne à vivre en ménagères, à veiller sur les domestiques pour voir s'ils s'acquittent bien chacun de leurs fonctions, si le labourage se fait bien; s'ils ont des bestiaux, des poules, des dindons, il faudra y voir et mettre souvent la main à l'œuvre. Si quelqu'un, mes enfants, a besoin d'un amas de vertus, c'est assurément vous autres. »

Mademoiselle de Virieu, autre femme célèbre, a dit : « Je crois qu'il y a moyen d'appliquer les élèves à tour de rôle à quelque ouvrage de la maison, soit au dedans, soit au dehors. Cela les forme au ménage et les rend laborieuses et adroites. Il n'y a aucune d'elles qui n'ait besoin de connaître la théorie et surtout la pratique de l'économie domestique. »

Non seulement ces grandes éducatrices voulaient que leurs élèves travaillassent, mais encore qu'elles fussent élevées sévèrement. Mme de Maintenon écrivait à une des maîtresses de Saint-Cyr : « Je ne vous ai pas assez expliqué le conseil que je vous ai donné de les élever durement, sans rien faire cependant qui puisse nuire à leur santé. Il ne faut leur permettre que rarement les veilles et les jeûnes à cause de leur jeunesse; mais les faire travailler à tout ce qui se présente. Qu'elles mangent de tout et soient sobres; qu'elles soient couchées et assises durement; qu'elles ne s'appuient jamais, et ne se chauffent que dans les grands besoins. »

229. — Travaux à l'aiguille. — Ils assurent la position de l'ouvrière; ils sont une source de bien-être et d'économie pour la ménagère, qui, grâce à son aiguille et à son talent, double la durée des vêtements et du linge. Sous sa main agile, les vêtements devenus trop petits pour les aînés se changent en jolis costumes pour les bébés; les robes démodées prennent une nouvelle forme et dispensent d'acheter des étoffes neuves. La jeune fille y trouve une distraction utile; la toute petite fille, elle-même, en confectionnant les robes de ses poupées, s'attache à son aiguille et apprend à s'en servir.

Pour la femme riche, les travaux de couture sont une source de bonheur. En effet, si elle a l'esprit de charité et de dévouement, au lieu de rester inactive, elle emploiera ses moments libres à confectionner des vêtements pour les pauvres. Ses jeunes filles prendront près d'elle l'habitude des bonnes œuvres, et de concert elles confectionneront tour à tour du linge pour les églises pauvres, de petits trousseaux pour les enfants et des vêtements chauds pour les vieillards. Quelle joie pour le présent! quelle source de bénédictions pour l'avenir!

230. — Jugement de Mme Campan et de Mme de Maintenon sur les travaux de luxe ou de fantaisie :

« Ces travaux : broderie, tapisserie, crochet, filet, fleurs artificielles, etc. ne doivent venir qu'après les travaux utiles, comme pour servir de délassement. Jusqu'à douze ans, et même plus tard, ne leur permettez aucun de ces ouvrages de fantaisie. Le goût seul suffit pour y rendre très habile, tandis qu'il est nécessaire d'être exercée fort jeune à ceux qui ne peuvent s'apprendre plus tard. »

Ce que ces dames enseignaient aux autres, elles le pratiquaient. Mme de Maintenon écrivait à une dame : « J'ai tant filé aujourd'hui pour votre service que je me suis fait mal à la main, et ne puis plus écrire. »

Questionnaire.

228. — Quels conseils donnait Mme de Maintenon relativement aux travaux du ménage? — Que disait-elle aux enfants? — Quel était l'avis de Mlle de Virieu? — Quelle éducation donnait-on aux demoiselles de Saint-Cyr?

229. — Quels sont les avantages des travaux à l'aiguille pour la ménagère et pour la jeune fille?

230. — Pourquoi faut-il apprendre d'abord les travaux simples et utiles? — Mme de Maintenon se bornait-elle à donner des leçons aux autres?

Problème.

Une factrice, qui se retire du commerce avec un capital de 15 000 fr, emploie une partie de cette somme à bâtir une maison, puis elle place le 1/3 du reste à 4 0/0, et les deux autres tiers à 5 0/0. De la sorte, elle obtient un revenu de 400 fr. Quel est le prix de la maison?

Rédaction.

Ecrivez à une amie. — Dites-lui ce qui vous a le plus intéressée dans la leçon sur les avantages que la jeune fille et la femme retirent des travaux manuels.

SUPPLÉMENT

I

COMPTABILITÉ

231. — Il ne faut rien laisser au hasard. — Dans toute entreprise industrielle ou commerciale, et même dans un simple ménage, il est indispensable de se rendre compte aussi exactement que possible de l'état de ses affaires. Aussi la bonne maîtrèsse de maison est fidèle à marquer chaque jour ses recettes et ses dépenses.

232. — Bilan. Livre d'inventaire. — Tout commerçant est tenu, à époques régulières, d'établir son *bilan*, c'est-à-dire l'état de sa situation, la différence entre son *actif*, ce qu'il possède, et son *passif*, ce qu'il doit. — La maîtresse de maison doit imiter le négociant et dresser, au moins une fois l'année, l'*inventaire* de tout ce dont elle a la charge et le maniement. Le détail de ces diverses opérations s'inscrit sur un registre spécial, dit *Livre d'inventaire*.

Modèle d'Inventaire.

ACTIF		PASSIF	
3 lits, 2 armoires, 1 commode . . . 750 f.		Je dois pour marchandises.	1500. »
24 chaises, 2 pendules. etc. 450	1680. »	» à des fournisseurs. .	200. »
40 draps de lit; 8 couvertures, etc. 480			
Marchandises en magasin.	3000. »		
Créances.	1000. »		
Argent en caisse.	1500. »		
		BALANCE.	5480. »
TOTAL	7180. »		
		TOTAL	7180. »

Nota. — La *Balance* se calcule en retranchant le total le plus faible du total le plus fort. On porte la *Balance* ou différence du côté du total le plus faible. — On a ici 7180 *(actif)* — 1700 *(passif)* = 5480 *(Balance)*.

233. — Journal. — Le journal est un livre sur lequel on inscrit toutes les opérations de la journée au fur et à mesure qu'elles se présentent. Pour être plus sûre de ne rien oublier, la bonne comptable possède en outre un petit carnet de notes qu'elle a toujours sur elle et qui lui sert de brouillon; et le soir, elle fait son journal. Ce livre journal suffit pour le ménage.

Modèle du Journal.

1880			REC.	DÉP.	A RECEV.	A PAYER
Janvier	1er	En caisse.	1500. »			
»	»	Etrennes données.		20. »		
»	3	Payé au boucher et au boulanger. .		25. »		
»	10	Reçu de Mme X., pour façon d'une robe et fournitures.	28. »			
»	15	Vendu deux toilettes à Mme Z. . .			160. »	
»	20	Achat de combustibles chez M. A.				40. »
»	25	Payé au docteur et au pharmacien.		15. »		
		Etc.				

234. — Livre de caisse. — Le livre de caisse est un registre où l'on inscrit, sur deux colonnes, les sommes entrées dans la caisse et celles qui en sont sorties, de sorte

La bonne ménagère tient exactement ses comptes.

que, par la simple addition de ces deux colonnes, on voit immédiatement l'argent dont on peut disposer.

La ménagère intelligente choisit le dimanche pour mettre

ce livre à jour et s'assurer que sa *caisse est juste*, c'est-à-dire que l'encaisse est bien égale à la différence entre les recettes et les dépenses.

Modèle du Livre de caisse.

1898			RECETTES	DÉPENSES
Janvier	1er	En caisse.	1500. »	
»	1	Etrennes données.		20. »
»	3	Payé la note du boulanger et celle du boucher.		25. »
»	10	Reçu de Madame X.	28. »	
»	25	Payé au médecin et au pharmacien.		15. »
		Etc.		

Questionnaire.

231. — Pourquoi la maîtresse de maison marque-t-elle ses recettes et ses dépenses?
232. — En quoi consiste l'inventaire?
233. — Qu'est-ce que le livre journal? — le carnet de notes?
234. — Qu'est-ce que le livre de caisse? — Quand se tient-il?

II

LE DIMANCHE

235. — Le repos du dimanche est ordonné par Dieu. — Nous trouvons dans la Bible comment Dieu imposa aux hommes l'obligation du repos d'un jour sur sept; ce repos est donc de précepte divin. C'est un des dix commandements que Dieu donna sur le mont Sinaï au milieu des foudres et des éclairs. En voici le texte : « Souviens-toi de sanctifier le jour du Sabbat. Tu travailleras pendant six jours et tu feras tout ce que tu as à faire. Mais le septième est le jour du repos du Seigneur ton Dieu. En ce jour, tu ne feras aucun ouvrage, ni toi, ni ton fils, ni ta fille, ni ton serviteur, ni ta servante, ni tes bêtes de somme, ni l'étranger qui est chez toi. »

Le Seigneur menaça de peines terribles ceux qui désobéiraient à cette loi.

236. — Le repos du dimanche est une nécessité. — Le corps et l'âme ont besoin de se reposer. Après quelques heures de travail, l'homme prend le repos de la nuit. De même, après plusieurs jours de labeur, il lui faut un repos plus prolongé. Ce besoin est affirmé par la science elle-même aussi bien que par l'expérience. Or, le repos du dimanche, ordonné par Dieu, satisfait à cette nécessité.

On essaya, il y a cent ans, d'obliger les ouvriers à ne se reposer que tous les dix jours; ils ne purent observer cette loi; c'était au-dessus de leurs forces. Il a été constaté, d'ailleurs, que les populations qui n'observent pas le repos du dimanche perdent leur vigueur et dépérissent.

Le repos du dimanche est donc nécessaire au corps; il est au moins aussi nécessaire à l'âme.

L'âme humaine a sa vie particulière: elle comprend, elle veut, elle aime; par conséquent elle a besoin d'entretenir ses facultés. Pour cela, il lui faut des jours où elle puisse laisser ses occupations matérielles pour penser à des choses plus élevées. Le travail continuel finit par user son énergie; le repos retrempe sa volonté. Enfin le travail quotidien non interrompu absorbe le temps et les forces; il prive l'homme de la sainte et salutaire jouissance de passer un jour heureux avec ceux qu'il aime. Le repos du dimanche lui facilite ce bonheur.

237. — Le repos du dimanche n'est pas l'oisiveté. — Le repos du dimanche ne consiste pas seulement à s'abstenir du travail. Le Seigneur nous a imposé des obligations particulières pour ce jour-là. C'est le jour qu'il s'est réservé: nous devons le consacrer à son service. L'assistance à la sainte messe est obligatoire sous peine de faute grave. L'Eglise désire que nous sanctifiions le dimanche en assistant aux autres offices et aux instructions du pasteur de la paroisse.

Quand ces devoirs sont accomplis, la promenade en famille, quelques jeux, des lectures édifiantes sont des récréations permises qui remplissent agréablement cette sainte journée.

238. — Pratiques de piété dans la famille. — Dans

la famille chrétienne on fortifie sa foi par la lecture de la *Vie des Saints.* — La belle dévotion de l'*Apostolat de la prière* y est en honneur, et par elle le travail est sanctifié.

— Les enfants, instruits à l'école chrétienne, sont, au besoin, les petits apôtres de la famille; ils sont tous consacrés à la Ste Vierge aussitôt après leur baptême; et dès qu'ils le peuvent, ils demandent à être reçus dans la Congrégation de leur école ou de leur paroisse; ils fréquentent souvent les sacrements et font la communion réparatrice le premier vendredi de chaque mois. — La dévotion aux âmes du purgatoire est ravivée chaque jour par la récitation des prières pour les défunts de la famille, et l'anniversaire de leur mort est pieusement célébré. Le dimanche, toute la famille se rend sur leur tombe pour y déposer des fleurs et y prier avec plus de ferveur à leur intention.

La prière pour les morts.

239. — L'observation du dimanche rend les familles heureuses. — Le dimanche est le jour du Seigneur ; c'est aussi le jour des joies familiales. Il réunit le père, la mère et les enfants et leur permet de se récréer ensemble, de causer tout à l'aise des intérêts de la famille, des espérances ou des craintes, des joies ou des peines communes. Quand tous ont rendu à Dieu ce qu'ils lui doivent et entendu les enseignements de l'Église, ils sont mieux disposés à remplir leurs devoirs réciproques, parce qu'ils les connaissent mieux. Or, il n'y a de vrai bonheur que dans le devoir accompli.

240. — Le mépris du dimanche rend les familles malheureuses. — C'est une triste demeure que celle où l'on travaille sans repos et sans fêtes !

Le père, absorbé par ses affaires ou brisé par la fatigue, s'aigrit à la longue. La mère elle-même, lassée par un labeur trop continu, s'attriste et pleure souvent. La gaieté naturelle des enfants, qui est ordinairement une source de joie dans la famille, amène à peine de temps en temps un sourire sur les lèvres des parents malheureux. Il arrive alors trop souvent que le père, pour oublier pendant quelques heures ses ennuis et ses fatigues, va chercher au cabaret des distractions dangereuses. La misère se présente bientôt et souvent la honte et la dégradation la suivent de près ; et cela, parce que le travailleur n'a pas sanctifié le dimanche.

241. — Conclusion. — Nécessaire à la santé, indispensable au bonheur de la famille, le repos du dimanche devrait être réclamé par tous ceux qui travaillent comme un de leurs droits les plus précieux.

Ordonné par Dieu, il devrait être observé par tous les

chrétiens comme une condition essentielle de leur bonheur en ce monde et dans l'autre.

Questionnaire.

235. — Quand et comment Dieu a-t-il ordonné le repos du dimanche?
236. — Montrez la nécessité du repos du dimanche.
237. — Le chrétien doit-il se borner à s'abstenir du travail le dimanche?
238. — Quelles sont les pratiques de piété en usage dans une famille chrétienne?
239. — Montrez que l'observation du dimanche rend les familles heureuses.
240. — Comment le mépris du dimanche est-il la cause du malheur pour une famille?
241. — Quelle est la conclusion de la leçon sur le dimanche?

III

LA JEUNE FILLE EN DEHORS DU MÉNAGE

L'APPRENTIE. — L'OUVRIÈRE

242. — Choix d'un atelier. — Toutes les jeunes filles ne peuvent s'occuper exclusivement de la tenue du ménage. Beaucoup, surtout dans les villes, sont obligées d'apprendre un état. Il est donc important de leur trouver un atelier où règnent l'ordre et le bon esprit, dirigé par une maîtresse attachée à ses devoirs religieux.

243. — L'ouvrière se lève matin. — L'apprentie, aussi bien que l'ouvrière, se lève à une heure fixe, assez tôt pour avoir le temps de dire sa prière et de mettre en ordre tout ce qui la concerne, afin que sa mère ne soit pas trop surchargée pendant son absence.

244. — L'ouvrière observe le règlement. — Dans tout atelier bien tenu, il y a un règlement. L'apprentie sérieuse s'y conforme en tous points, non seulement pour éviter les punitions et les amendes, mais surtout pour plaire à Dieu en accomplissant son devoir.

245. — L'ouvrière est consciencieuse dans l'emploi des fournitures. — L'apprentie et la bonne ouvrière sont très consciencieuses dans l'emploi des fournitures et l'usage des instruments mis à leur disposition par la maîtresse. Ceux-ci doivent être tenus dans une grande propreté. De cette façon le travail se fera mieux et plus vite, et sera plus rétribué. Les fournitures doivent être employées avec économie : ne rien prodiguer, ne rien laisser perdre, et surtout ne disposer de rien pour soi.

246. — L'ouvrière est consciencieuse dans le travail. — Ordinairement l'apprentie n'est pas payée; ce n'est pas une raison pour elle de négliger le travail. Au contraire, elle emploie bien son temps; c'est le meilleur moyen de devenir une bonne ouvrière et de mériter la confiance.

Quand l'apprentissage est fini, la jeune ouvrière s'acquitte consciencieusement de son travail; qu'elle soit à ses pièces ou à la journée, son ouvrage est toujours soigné. L'ouvrière à la journée serait responsable du temps qu'elle emploierait à flâner. Celle qui, étant à ses pièces, ferait l'ouvrage trop vite au lieu de le bien soigner, ne serait pas moins coupable.

247. — Retour de l'ouvrière. — Au signal donné par la maîtresse, les ouvrières et les apprenties se lèvent et s'en vont promptement sans s'arrêter à causer dans les rues. Elles évitent la fréquentation des jeunes filles légères, et n'ont de rapports qu'avec celles qui leur inspirent une grande confiance. La jeune fille qui se conduit ainsi apporte la joie dans la maison; elle est toute aux siens. Par son activité et son amour de la famille, elle rend bien des services, surtout le soir. Après avoir aidé à mettre tout en ordre, elle raccommode ou tricote, en causant avec son père, sa mère et ses frères, ou bien, dans la belle saison, elle fait une promenade avec eux.

248. — Jour de la paye. — La jeune fille qui comprend ce qu'elle doit à ses parents est heureuse d'apporter sa part à leur modeste budget. Elle leur remet tout son argent et ne dispose pour elle de quoi que ce soit sans leur permission. De peur d'être tentée, elle ne s'arrête pas aux étalages après avoir reçu le prix de son travail.

249. — Le dimanche de l'ouvrière. — La pieuse ouvrière sanctifie le dimanche, comme il est dit au chapitre précédent. Si elle a père, mère, frères et sœurs, elle se promène avec eux ou leur tient compagnie dans la maison; si elle est orpheline, elle s'associe au patronage de jeunes filles dirigé par les religieuses de sa paroisse.

LA TAILLEUSE. — LA MODISTE.

250. — La tailleuse et la modiste sont simples dans leur mise. — Les jeunes filles qui ont bien rempli leurs devoirs d'apprenties et sont devenues tailleuses ou modistes, ont à veiller sur la coquetterie. Sous prétexte de montrer ce qu'elles savent faire, il y en a dont la toilette surpasse celle des dames riches; c'est un grand tort. On peut juger de leur talent sans qu'elles en montrent l'échantillon sur leur personne. D'ailleurs une mise prétentieuse n'attire ni l'estime ni la considération des personnes raisonnables. — D'un autre côté, elles éviteront le défaut des femmes frivoles qui visent au brillant et s'inquiètent peu du solide, qui ont des toilettes à effet et manquent de linge. Cinq francs sont mieux employés en toile qu'en rubans.

251. — Elles font un sage emploi de leurs économies. — L'ouvrière habile qui réalise déjà un joli gain n'oublie pas qu'elle a des devoirs importants à remplir envers les autres. Elle doit faire la charité. Il y a partout des pauvres, des enfants mal vêtus. Si faible que soit l'aumône, elle attire sur une maison les bénédictions du ciel. *Qui donne aux pauvres, prête à Dieu.* Elle économise, elle épargne; et si cette bonne ouvrière a un père, une mère, ses épargnes ne sont pas pour elle seule. Elle ne se met pas à son compte dès qu'elle peut se passer de ses parents; elle n'oublie jamais les fatigues et les dépenses qu'ils se sont imposées pour subvenir à ses moindres besoins, et elle leur en témoigne sa gratitude par sa complaisance, ses attentions délicates et en leur venant en aide en toute circonstance.

L'EMPLOYÉE DE MAGASIN.

252. — L'employée de magasin se lève matin. — L'employée de magasin, comme la jeune ouvrière, se lève de bonne heure pour avoir le temps de dire sa prière, de faire sa chambre et de ranger ce qui est à son usage.

Elle est simple dans sa mise. — La propreté brille sur sa personne ; sa mise a une certaine élégance : les patrons l'exigent ; mais elle conserve la simplicité, choisit pour ses vêtements la coupe la plus ordinaire et la couleur noire autant que possible.

Elle est affable. — Elle est affable avec tous, même avec les clients qui la dérangent sans rien acheter, espérant qu'une autre fois elle sera plus heureuse.

Elle est discrète. — Elle est discrète sur ce qui se passe au magasin ; on ne l'entend jamais critiquer les clients, parler mal de ses compagnes d'emploi, faire connaître les affaires commerciales de la maison ; elle respecte le secret de ses patrons et les fait estimer.

Elle passe le dimanche avec ses parents. — Elle est heureuse de passer dans l'intimité de la famille les soirées, les dimanches et les congés. Au lieu d'aller en parties de plaisir avec ses amies, elle reste avec ses parents et fait leur joie.

Questionnaire.

242. — Quel atelier doit choisir une jeune fille?
243. — A quelle heure se lève l'ouvrière?
244. — Comment l'ouvrière observe-t-elle le règlement?

245. — Quel soin prend l'ouvrière des instruments et des fournitures?

246. — Comment l'ouvrière s'acquitte-t-elle de son travail?

247. — Comment l'ouvrière rentre-t-elle le soir à la maison et qu'y fait-elle?

248. — Quelle est la conduite de l'ouvrière qui vient de toucher sa paye?

249. — Que fait l'ouvrière le dimanche?

250. — Parlez de la mise de la tailleuse et de la modiste.

251. — Quel usage une jeune fille doit-elle faire de ses économies?

252. — Dites ce que vous savez sur la mise de l'employée de magasin, sur son affabilité, sa discrétion, l'emploi de son dimanche.

TABLE DES MATIÈRES

PORTRAIT DE LA FEMME FORTE. 5

PREMIÈRE PARTIE

La maîtresse de maison

1re LEÇON. — Rôle de la femme. 9
2e « — Qualités de la ménagère 12
3e « — Détails d'économie domestique 15
4e « — Bonheur domestique 17
5e « — Journée de la maîtresse de maison. 20

DEUXIÈME PARTIE

Le ménage

6e LEÇON. — Soin du ménage 23
7e « — Entretien du mobilier des appartements. . . 26
8e « — Nettoyage du mobilier de la cuisine. 28

TROISIÈME PARTIE

Vestiaire et lingerie

9e LEÇON. — Soin des vêtements 33
10e « — Soin de la lingerie. 35
11e « — De la couture. 38
12e « — Raccommodage 41
13e « — Tricot. 43
14e « — Blanchissage 46
15e « — Lavage des bas, des flanelles et des cotonnades. 49
16e « — Nettoyage des vêtements. 51
17e « — Repassage. 54

QUATRIÈME PARTIE

La cuisine

18e LEÇON. — Pain. 57
19e « — Soupe 60
20e « — Sauces 64
21e « — Viandes bouillies. 66
22e « — Viandes rôties 69
23e « — Volailles. 72

24e « — Viande de porc. 75
25e « — Poisson 78
26e « — Lait. Beurre. Œufs 81
27e « — Légumes 84
28e « — Conserves d'aliments. 88
29e « — Conserves de fruits 91
30e « — Boissons. 95

CINQUIÈME PARTIE

De l'hygiène

31e Leçon. — Hygiène du logement et de la nourriture. . 99
32e « — Hygiène des vêtements 103
33e « — Hygiène du corps 105
34e « — Hygiène du travail et du repos. 108

SIXIÈME PARTIE

La médecine familiale

35e Leçon. — Principales préparations domestiques 113
36e « — Plantes médicinales. 116
37e « — Plantes médicinales (Suite). 120
38e « — La bonne ménagère sait soigner les petites misères. 124

SEPTIÈME PARTIE

La campagne

39e Leçon. — Maison de campagne 127
40e « — Basse-cour 131
41e « — Basse-cour (Suite) 134
42e « — Résumé des avantages que procurent les travaux manuels. 137

SUPPLÉMENT

I. — Comptabilité 141
II. — Le dimanche 145
III. — La jeune fille en dehors du ménage : L'apprentie. L'ouvrière. La tailleuse. La modiste. L'employée de magasin. 150

Ploërmel. — Imprimerie Saint-Yves

OUVRAGES DES MÊMES AUTEURS.

Méthode de lecture, livre de l'élève, in-12 cart. 0 50
Livret à l'usage des maîtres 0 30
L'Écolier modèle. — Secondes lectures, ouvrage faisant suite à la Méthode, in-12 cart. 0 70
Cours pratique d'instruction religieuse, livre de lecture des écoles chrétiennes 1 40

Méthode d'écriture graduée pour l'enseignement simultané de la lecture et de l'écriture, en 10 cahiers, le cent . . . . 8 »

Exercices de copie, in-12 broché 0 25
Abrégé de Grammaire, in-12 cart. 0 75
Exercices français correspondant à l'Abrégé de Grammaire in-12 cart. 1 20
Le même, livre du maître 3 50
Petites Dictées sur l'orthographe naturelle 0 50

Arithmétique pratique, cours élémentaire, avec exercices et problèmes, in-12 cart. 0 80
Le même, livre du maître . . . . 3 »
Arithmétique théorique et pratique, cours moyen, in-12 cart. 0 75
» exercices et problèmes, cours moyen, in-12 cart. 0 90
Les deux volumes précédents réunis en un seul, in-12 cart. 1 60
Énoncés et solutions des Exercices et Problèmes d'arithmétique, cours moyen, in-12, 1/2 reliure 4 60

Premiers éléments d'Algèbre avec exercices et problèmes, in-12 cartonné 0 60
Le même, livre du maître . . . . 2 »
Géométrie des Écoles primaires suivie d'un cours de métrage pratique, in-8 cart. 1 60
Solutions des Exercices de Géométrie 3 50
Méthode de dessin à main levée en 10 cahiers. Le cent. 15

L'Agriculture à l'école primaire, en 42 leçons. . . . . 1 »
Le jeune Marin à l'école primaire 1 50
Questionnaire agricole. — Problèmes. — Méthode d'enseignement. — Examens. 0 25

www.ingramcontent.com/pod-product-compliance
Lightning Source LLC
Chambersburg PA
CBHW060803110426
42739CB00032BA/2604

* 9 7 8 2 0 1 2 5 9 2 3 3 9 *